Para

com votos de paz

Divaldo Franco
Pelo Espírito Manoel Philomeno de Miranda

PERTURBAÇÕES ESPIRITUAIS

EDITORA LEAL

Salvador
1. ed. – 2024

COPYRIGHT © (2015)
CENTRO ESPÍRITA CAMINHO DA REDENÇÃO
Rua Jayme Vieira Lima, 104
Pau da Lima, Salvador, BA.
CEP 412350-000
SITE: https://mansaodocaminho.com.br
EDIÇÃO: 1. ed. (14ª reimpressão) – 2024
TIRAGEM: 3.000 exemplares (milheiro: 59.000)
COORDENAÇÃO EDITORIAL
Lívia Maria C. Sousa

REVISÃO
Adriano Ferreira
Lívia Maria C. Sousa
Manoelita S. Rocha
CAPA
Cláudio Urpia
EDITORAÇÃO ELETRÔNICA
Lívia Maria C. Sousa
COEDIÇÃO E PUBLICAÇÃO
Instituto Beneficente Boa Nova

PRODUÇÃO GRÁFICA
LIVRARIA ESPÍRITA ALVORADA EDITORA – LEAL
E-mail: editora.leal@cecr.com.br

DISTRIBUIÇÃO
INSTITUTO BENEFICENTE BOA NOVA
Av. Porto Ferreira, 1031, Parque Iracema. CEP 15809-020
Catanduva-SP.
Contatos: (17) 3531-4444 | (17) 99777-7413 (WhatsApp)
E-mail: boanova@boanova.net
Vendas on-line: https://www.livrarialeal.com.br

Dados Internacionais de Catalogação na Publicação (CIP)
(Catalogação na fonte)
BIBLIOTECA JOANNA DE ÂNGELIS

F825   FRANCO, Divaldo Pereira. (1927)

Perturbações espirituais. 1. ed. / Pelo Espírito Manoel
Philomeno de Miranda [psicografado por] Divaldo Pereira
Franco. Salvador: LEAL, 2024.
240 p.
ISBN: 978-85-8266-119-2

1. Espiritismo 2. Obsessão 3. Mediunidade 4. Centro Espírita
I. Franco, Divaldo II. Título

CDD: 133.93

Bibliotecária responsável: Maria Suely de Castro Martins – CRB-5/509

DIREITOS RESERVADOS: todos os direitos de reprodução, cópia, comunicação ao público e exploração econômica desta obra estão reservados, única e exclusivamente, para o Centro Espírita Caminho da Redenção. Proibida a sua reprodução parcial ou total, por qualquer meio, sem expressa autorização, nos termos da Lei 9.610/98.
Impresso no Brasil | Presita en Brazilo

SUMÁRIO

	Perturbações espirituais	7
1	Intercessão providencial	11
2	Planejamentos socorristas	25
3	Atendimento de emergência	41
4	Os desafios prosseguem	49
5	Enfrentamentos iluminativos	61
6	Restabelecendo a dignidade	89
7	Perspicácia das Trevas	99
8	As atividades prosseguem	109
9	Amplia-se a área de trabalho	125
10	Encontro com a verdade	141
11	Esclarecimentos e advertências	151
12	Os debates prosseguem	159
13	Atividades incessantes	175
14	Providências salvadoras	187
15	Esclarecimentos oportunos	201
16	Os desafios e as soluções	213
17	Concluindo o trabalho	231

PERTURBAÇÕES ESPIRITUAIS

Vivemos num Universo constituído de energia que se expressa em ondas, vibrações, mentes e ideias, condensando-se em matéria e voltando ao estágio inicial incessantemente.

Nele tudo vibra, pois que não existe o repouso absoluto nem o absoluto caos.

Aquilo que se nos apresenta como desordem obedece a princípios fundamentais geradores de futura harmonia.

Todo e qualquer movimento, emissão vibratória, por mais sutil, influencia o conjunto, nada havendo que não se encontre produzindo ressonância, à semelhança de uma sinfonia de incomparável beleza, cujo conjunto de instrumentos diferentes produz o encanto e a musicalidade perfeita.

A matéria, nesse indefinível oceano vibratório, é a **energia condensada**, que, após a vigência do seu ciclo, retorna ao campo de origem.

O ser humano, durante o périplo carnal, **é o princípio inteligente do Universo**, desenvolvendo os sublimes tesouros que nele jazem adormecidos, e através de sucessivas reencarnações, atinge o estágio de vibração sublime, quando se torna Espírito iluminado.

Nessa larga experiência evolutiva, acumula os valores defluentes das vivências, crescendo sempre na direção da perfeição relativa que lhe está reservada.

Em cada etapa aprimora específicos recursos, trabalhando as anfractuosidades morais resultantes dos tentames iniciais da fase do instinto, atravessando o período da razão, no rumo da intuição.

Sob a ação gloriosa do Deotropismo, *a sua é a fatalidade da plenitude. Enquanto transita pelas faixas mais grosseiras do processo evolutivo, submete-se às injunções penosas que lhe rompem as couraças da ignorância para facultar-lhe o discernimento, que o alça ao conhecimento e à liberdade. Nem sempre, porém, esse desenvolvimento ocorre de maneira feliz, em razão da predominância dos instintos agressivos, da preservação da espécie, que o levam a utilizar-se da força, dos ímpetos desordenados que se lhe demorarão na conjuntura de que se constitui.*

A cada ação sucede-lhe uma reação equivalente.

No imenso obscurantismo em que se demora, a Divina Providência tem tido o cuidado de enviar-lhe Embaixadores sábios que o têm tentado despertar para a realidade espiritual que lhe é legítima.

Através dos milênios sucessivos, esses amorosos mestres e condutores das massas buscaram demonstrar-lhe a transitoriedade do corpo e a perenidade do ser.

Cultos bizarros, a princípio, e sacrifícios grosseiros foram as primeiras manifestações da vida estuante, dentro do nível moral em que se encontrava, no seu primarismo evolutivo, culminando com a vinda de Jesus à Terra, abençoando-a com as incomparáveis lições do amor, que soluciona todas as equações existenciais.

Habituado, porém, às forças deletérias dos sentimentos grosseiros, o ser humano teve muita dificuldade para aceitar as libertadoras diretrizes dos Seus ensinamentos e, inevitavelmente, adaptou-as às próprias paixões, gerando situações dolorosas para si mesmo.

Jesus sabia dos limites humanos e compreendia-os, ampliando a sua compaixão, prometeu enviar o **Consolador** *em hora própria, quando as dores fossem superlativas e a compreensão mental mais elevada, de modo a entender-lhe os supremos postulados.*

A legião de seres bem-aventurados, que constitui o **Consolador***, traz o Mestre de volta e vem desvelando o significado profundo da existência, os valores altíssimos da existência física, diluindo os mistérios que ocultam a vida transcendental e demonstrando de maneira vigorosa esse intercâmbio entre as duas faces da realidade: a material e a espiritual.*

Constata-se, desse modo, que a inter-relação entre os chamados **vivos** *e os* **mortos** *é muito maior e vigorosa do que se pensa.*

Graças à Lei das Afinidades, há uma poderosa atração entre os semelhantes vibratórios, especialmente no que diz respeito ao campo moral e intelectual.

Conforme as aspirações íntimas e comportamentos pessoais, cada ser respira a psicosfera que emite e transita no campo vibratório que constrói.

★

Este livro é um breve relato em torno do intercâmbio entre as duas esferas da vida, especialmente cuidando das perturbações espirituais resultantes da suprema ignorância que se permitem os Espíritos infelizes, na sua luta inglória contra o Mestre Jesus e Sua Doutrina.

De alguma forma, faz parte da série que iniciamos com o **Transição planetária** *e o* **Amanhecer de uma nova era**, *abordando os desafios modernos em forma de obsessões coletivas e individuais, especialmente nas Sociedades Espíritas sérias, dedicadas à renovação da sociedade, bem como nos grupamentos humanos que se dedicam ao progresso e à felicidade das criaturas.*

Jesus vela pela barca terrestre e condu-la com segurança ao porto de abrigo, sendo infrutuosas todas as tentativas de dificultar-Lhe o ministério de amor e de misericórdia.

Desejamos com a presente obra alertar os companheiros inadvertidos ou descuidados dos deveres espirituais assumidos antes do renascimento carnal, quanto às suas responsabilidades morais na condição de **trabalhadores da última hora**, *comprometidos com os benfeitores da Humanidade que neles confiam.*

Não tivemos nenhuma preocupação literária, nem nos permitimos deixar dominar por vacuidades humanas, procurando abordar os acontecimentos conforme tiveram lugar, naturalmente com alguns cuidados para que sejam evitadas interpretações indevidas.

Temos interesse, porém, que a nossa narrativa, simples quanto nós próprio, contribua de alguma forma para a vivência realmente cristã nas células espíritas que se vinculam a Jesus.

Salvador, 15 de junho de 2015.
MANOEL PHILOMENO DE MIRANDA

1
INTERCESSÃO PROVIDENCIAL

O céu estava recamado de estrelas lucilantes, como lanternas mágicas que dilatavam claridade pelo zimbório azul-turquesa.

Leve brisa acariciava o arvoredo e conduzia delicado perfume de azáleas brancas com bordas de luz.

Aves de plumagem incomum voavam sobre os jardins que adornavam o Centro de Comunicações da nossa Esfera de ação.

A pouco e pouco, começaram a chegar os convidados para a efeméride anunciada com antecedência.

Fôramos informados que nobre mensageira de Estância superior viria comunicar-se conosco, obedecendo a uma programação adrede organizada, para socorrer algumas instituições espíritas terrenas, seriamente sitiadas por tenebrosa organização do mal.

Labores antes realizados com abnegação, agora sofriam sórdida perseguição de inimigos do progresso já desencarnados, que se comprazem em semear intranquilidade entre as criaturas, em perversa conspiração contra a ordem e o desenvolvimento moral.

Especialmente convidados, Dr. José Carneiro de Campos, eminente médico dedicado ao humanitarismo, que no Orbe se destacara pela cultura, retidão de caráter e sacerdócio invulgar na Medicina, ao lado de outros servidores do bem, igualmente nós outro, deveríamos fazer parte de um grupo de atendimento aos corações aflitos, aprisionados nas malhas asfixiantes da rude sandice.

Às 20h, a sala encontrava-se repleta, tendo o nosso respeitável administrador, Ovídio, no palco onde se destacava a mesa florida, ornamentada com esmero.

Nesse momento, adentrou-se a ilustre visitante cercada por carinhoso grupo de Espíritos iluminados que a acolitavam com respeito e admiração, bem como com os recepcionistas destacados para conduzi-los ao palco.

Recebidos com especial carinho pelo nosso diretor, foram encaminhados a lugares especialmente reservados, sendo a gloriosa visitante levada a um assento de destaque entre os responsáveis pela nossa comunidade espiritual.

Claridade diáfana dominava o imenso recinto que tinha o teto transparente, através do qual podíamos ver a noite exuberante e rica de astros faiscantes.

O mestre de cerimônias assomou ao tablado e um grupo de crianças começou a cantar o *Adeste Fidelis*, também chamado *Hino Português*, composto por Dom João IV, convidando todos os fiéis ao Evangelho a permanecerem de pé.

Nosso administrador levantou-se como todos os presentes e, logo após, orou com sentida emoção, enquanto a psicosfera ambiental ficou saturada de energias que se materializavam como suave orvalho perfumado que a todos nos impregnou.

De imediato, apresentou a venerável senhora desencarnada cuja aura refulgia em tonalidades diamantinas, demonstrando o seu estágio evolutivo.

Referiu-se o irmão Ovídio que se tratava de servidora cristã, desde há muitos séculos, mas que durante a existência do *Santo de Assis* sacrificara-se na Ordem das Clarissas, a fim de manter a pulcritude dos seus ensinamentos, preservando os votos de caridade, de pobreza, de humildade, de entrega total a Jesus e de virgindade...

Sem os encômios constrangedores muito comuns na convivência terrena, a biografia era destituída dos elogios dispensáveis, sendo fiel à estatura moral da abençoada Entidade.

Ao silenciar, a visitante ergueu-se e, com um leve sorriso no rosto angelical, saudou-nos com simplicidade, dizendo-nos:

– *A paz de Jesus seja convosco!*

Venho, em nome do Amor não amado, rogar-vos ajuda para a comunidade cristã-espírita que, neste momento, experimenta severos testemunhos.

O amor a Jesus em todas as épocas da Humanidade sempre tem provocado a ira dos adversários da Verdade que O temem, investindo com ferocidade contra os seus vexilários, na ilusão de que, ao destruírem os seus corpos, aniquilam os seus ideais libertadores.

Não ignoramos que as forças do mal, ensandecidas e furiosas, ante o crescimento dos adeptos do Consolador, que vêm recuperar os Espíritos enfermos, desertores e extraviados, a fim de trazê-los de volta ao Cordeiro de Deus, *sentem-se ameaçadas e, após reorganizações bem urdidas, atacam-nos* com inclemência, tanto de forma sutil como em enfrentamentos dolorosos.

Utilizando-se da debilidade moral de muitos conversos que não amadureceram psicologicamente nos estudos sérios do Espiritismo, deles se utilizam como insatisfeitos e agressivos, perturbadores das hostes doutrinárias, de modo a criarem situações embaraçosas, de difícil solução pelos arrastamentos de outros invigilantes que a ação maléfica proporciona.

A intriga e a infâmia – armas mortíferas e de grande alcance – são utilizadas para manchar os companheiros, lançá-los uns contra os outros, com desgastes de energia e de tempo malbaratados inutilmente.

Embora pregando a tolerância, não a praticam, antes mantêm injustificáveis ressentimentos, filhos do orgulho em predomínio e da presunção doentia.

Por mais se exore a necessidade da prática do perdão, da gentileza, da caridade no trato com todos, comportam-se armados e muito sensíveis a qualquer palavra de admoestação que interpretam conforme sua doentia situação, de modo a abrir feridas nos sentimentos debilitados.

Atormentados pelas paixões servis, transformam os núcleos espíritas, que devem ser dedicados ao estudo, à oração, ao recolhimento dos sofredores, a santuário de comunhão com o Mundo espiritual superior, em clubes de futilidades, de divertimentos, de comentários desairosos, de convívio para o prazer e de lancharias comuns...

Lentamente, substitui-se a seriedade da mensagem por anedotário chulo e vulgar de duplo sentido, o que deixa doridas frustrações naqueles que os buscam amargurados, sofridos, com o coração ferido e a mente atormentada.

Se não bastasse essa conduta reprochável, o desrespeito aumenta e a desconsideração pelos humildes faz-se natural comportamento, sem qualquer atitude de compreensão e de misericórdia para com os filhos do Calvário, que o Mestre nos confiou para que deles cuidássemos...

Derrapa-se em relacionamentos de ocasião, que terminam em rupturas abruptas com mágoas e afastamentos das atividades, olvidados do altíssimo significado da responsabilidade abraçada e dos compromissos firmados antes do berço.

Fez silêncio oportuno, como se o auditório cativado guardasse as palavras e as reflexões, e se permitisse impregnar pelo conteúdo da mensagem.

Com o semblante assinalado por leve melancolia resultante da análise grave, a veneranda mensageira prosseguiu:

— *Iniciada a grande transição planetária, reencarnam-se, na atualidade, embora hajam fruído de outras benéficas ocasiões, que desrespeitaram, antigos déspotas e criminosos, genocidas e bárbaros, fanáticos religiosos, odientos e zombeteiros espirituais que têm estado retidos em regiões inferiores, a fim de que disponham da sublime oportunidade de reparação e de crescimento na direção do bem.*

Calcetas e alucinados promovem contendas e produzem justas ferozes, transformando as instituições em campos de batalhas destrutivas, sem dar-se conta do prejuízo moral e doutrinário que ocasionam.

Para contê-los, amorosos benfeitores da Humanidade vestem-se de matéria a fim de os socorrer e os amar. Entre esses, a comunidade franciscana, que revolucionou o fim do século XII e o começo do XIII, está renascendo para repetir a incomparável tarefa de reconstruir a igreja do amor, conforme Jesus havia solicitado a São Francisco, em São Damiano...

Têm a tarefa de preparar as mentes e os corações para o restabelecimento dos incomparáveis milagres do amor, conforme Jesus o fez, antecipado por missionários do conhecimento que, em Roma e em todo o Império, diminuíram o clamor das contínuas guerras, dando lugar às manifestações de justiça e de misericórdia de que foi rico o Seu ministério na Terra.

Depois virá, ele mesmo, o inesquecível Cantor de Deus, *para apascentar o rebanho e levá-lo a Jesus.*

Tratar-se-á de um ministério de alta abnegação, qual aconteceu nos inolvidáveis dias do passado, quando modificou totalmente a estrutura da fé cristã, embora as tremendas adulterações que vieram após a sua desencarnação.

Infelizmente, ainda é da natureza humana o vício de adaptar o conhecimento libertador à estreiteza da sua compreensão, de submeter a lição sublime aos impositivos das paixões e dependências, hábitos doentios e conformistas, geradores do alucinado e equivocado prazer.

Em o novo programa, no entanto, não deverão ocorrer os riscos que se apresentaram no pretérito, porque aqueles que se negarem a seguir corretamente, ou criarem impedimentos à sua divulgação e vivência serão exilados automaticamente, por meio da sintonia mental e moral com planeta inferior, para onde se transferirão em estágio forçado até que lhes ocorra a renovação indispensável, capaz de fazê-los ascender em retorno à Terra, mãe generosa que lhes é o berço feliz.

A soberba e o falso intelectualismo, a necessidade de variações de comportamento, vêm conduzindo expressivo número de adeptos da Revelação dos guias da Humanidade; as propostas agressivas conforme a sua maneira de entender e alguns se atrevem a dar nova interpretação às obras da Codificação, num alucinado projeto de atualizar *a Verdade, as reflexões do codificador inspirado pelo Senhor e* vaso escolhido *para a construção do mundo melhor.*

Dominados pela vaidade, deixam-se outros dominar por Entidades intelectualizadas e de baixo nível moral, que os mistificam, assacando acusações indébitas contra tudo e todos que lhes não compartem as ideias esdrúxulas e extravagantes.

Graças à comunicação virtual, divulgam-se acusações sórdidas contra os servidores fiéis a Jesus, que não estão à cata de promoção pessoal nem de exibicionismo egoico, semeando espinhos pela senda que eles devem percorrer. Intimoratos, no entanto, esses discípulos da última hora, prosseguem inatingidos, ignorando o mal para somente construírem o bem.

Esse ultraje, ora sutil, noutros momentos, agressivo e direto, tem desanimado indivíduos frágeis que se fascinam com a beleza da Doutrina e se decepcionam com a conduta de alguns daqueles que se apresentam como seus seguidores.

Piorando o quadro, no entanto, as disputas por cargos administrativos, a fim de imporem suas maneiras especiais de governança das consciências, em lamentáveis ressonâncias do passado, quando, em outros credos, foram impiedosos e dominadores, vêm-se tornando triviais, sempre em olvido das diretrizes do Mestre ao afirmar: – Quem desejar ser o maior, seja o servidor de todos...

Muito tormento por exibição pessoal tem induzido os descontentes à criação de esquemas de trabalho que violam a simplicidade da Mensagem de Jesus, enquanto outros se autodenominam inspirados pelo próprio Senhor ou se apresentam como reencarnantes famosos, cujas existências foram de sacrifício e de abnegação, como se pudesse haver retrocesso no programa da evolução...

Misturam-se, em consequência, os interesses vis de encarnados com desencarnados, aumentando as dissensões e gerando os ódios que já deveriam estar ultrapassados pelas relevantes conquistas das ciências psicológicas que demonstram os malefícios que causam a todos quantos lhes permitem guarida na mente e no sentimento.

É momento muito grave, porque há urgente necessidade de consolação aos que se sentem deserdados, aturdidos com as ocorrências afligentes que os surpreendem nos mais diversos segmentos da sociedade.

A hora exige atenção e cuidado, ante o número expressivo de lobos disfarçados de ovelhas, com vozes mansas e venenos nas palavras, que aparentam humildade forçada e são possuidores de ira incontrolável.

Urge que os servidores do Evangelho restaurado reconsiderem condutas e voltem a trilhar a difícil estrada pedregosa por onde peregrinou o Mestre, sem as lisonjas e os destaques sociais, nem as honrarias humanas que muito agradam a inferioridade moral e pervertem os sentimentos que se deveriam ornar de simplicidade e renúncia.

A tribuna espírita não é pódio para disputas de exaltação do personalismo nem instrumento de projeção da mesquinha necessidade de aplauso. Antes, é área de compromissos graves com o ensinamento exposto, de forma que valham mais os atos do que as palavras memorizadas em exórdios brilhantes. Isto, porque, conhecendo as debilidades morais dos que ali se apresentam, os adversários espirituais seguem-nos, empurram-nos a compromissos afetivos ilusórios e desgastes sexuais resultantes do fascínio que exercem em pessoas viciadas e de mente pervertida. Dominados pela vã cultura e pelo entusiasmo dos insensatos, abrem espaços emocionais muito amplos para a instalação de conflitos que os atormentarão, que os levarão ao abandono das tarefas, quando contrariados ou simplesmente entediados, a caminho de desditosas depressões e obsessões soezes.

A Instituição Espírita de hoje deve evocar a Casa do Caminho, *onde Pedro, Tiago e João viveram os ensinamentos de Jesus e mantiveram a continuação do contato com o Mestre, a fim de que tivessem forças para o testemunho, o sublime holocausto da própria vida.*

Novamente silenciou com a voz suavemente assinalada pela emoção que lhe invadia o ser angelical.

Todos nos encontrávamos dominados pelo magnetismo vigoroso que dela e de suas palavras se exteriorizava.

Momentos após, prosseguiu tomada de júbilo e de esperança:

— *É chegado o momento de intensificarmos o intercâmbio feliz com os companheiros mergulhados na indumentária carnal, que se têm mantido fiéis e padecem as injunções difíceis do momento turbulento.*

De todo lado, apresenta-se o sofrimento em multifaces, cada hora alcançando uns e outros, sem qualquer exceção, porque o momento é de seleção de valores, no qual aqueles que estiverem com Jesus definir-se-ão pela permanência na batalha, enquanto outros optarão pelos prazeres com que se comprazem.

Necessário que intervenhamos nos programas de obsessão em massa que vêm ocorrendo, num arrastamento alarmante, a ponto de constatarmos que, em quase todos os quadros de patologias variadas, estão presentes os adversários espirituais do paciente, explorando-lhe as paisagens mentais e emocionais. Sabemos que, na raiz de toda enfermidade, o problema é o próprio doente, que se torna predisposto à instalação dos distúrbios na saúde, à contaminação pelos agentes destrutivos, pelos transtornos que nele se fixam. Além disso, verificamos também a instalação das matrizes psíquicas que facultam as obsessões perversas.

Vozes espirituais, em momentosos intercâmbios mediúnicos, vêm conclamando os trabalhadores do bem à vigilância e à oração, em exórdios e discursos comovedores. Mensagens de admoestação carinhosa são transmitidas nas células espíritas enobrecidas pela caridade, enquanto servidores sinceros percebem a gravidade do momento, e médiuns sinceros, fiéis, constatam as ocorrências infelizes na psicosfera pesada que se abate sobre todos.

As orações ungidas de amor suplicam amparo para a seara visitada pelas pragas perigosas e a inclemência da situação perturbadora, e a sua ressonância alcançou elevadas regiões espirituais que sediam os responsáveis pelo progresso do planeta em nome de Jesus. Como efeito, soa o clarim anunciador de perigo e movimentam-se legiões de obreiros desencarnados, concitados à campanha de defesa que se faz de emergência.

Em várias comunidades espirituais próximas da Terra instalam-se grupos de auxílio e servidores especializados nesse mister são destacados para o enfrentamento que já vem ocorrendo.

Houve uma pausa natural como corolário da dissertação, para que pudéssemos avaliar a gravidade do acontecimento.

Logo após, com a mesma tonalidade de voz, dúlcida e enérgica, o anjo visitante continuou:

— *Vimos solicitar o apoio de todos os membros da Comunidade Redenção, para que sejam organizados grupos de vibrações em favor dos irmãos em testemunho, a fim de que as instituições espíritas e os seus trabalhadores, especialmente os portadores de mediunidade dignificada, sejam enriquecidos de bênçãos em forma de coragem e mantenham um padrão de ondas mentais como um canal por onde fluam as energias do amor e da abnegação como acontecia nos gloriosos dias do martírio...*

Em razão das facilidades de divulgação do Espiritismo na atualidade e da sua relativamente fácil aceitação por indivíduos de todas as procedências e pelas massas ansiosas, não se creia que os testemunhos já não se façam necessários.

São eles agora de outra ordem, com características mais sutis e mais perigosas, porque são entretecidas habilmente malhas fortes que envolvem, aprisionam os invigilantes e alcançam também os bons servidores.

Que ninguém se escuse às provações de amor e de fidelidade na seara da luz! Que ninguém tema os hábeis conciliábulos dos maus e suas façanhas, porque, acima deles, brilha a luz da Verdade!

O Mestre não deixa aqueles que O amam ao abandono ou ao esquecimento.

Mantende-vos confiantes!

Para o feliz desiderato, além dos grupos de vigilantes e encarregados de orações intercessoras, de cada comunidade seguirão equipes de técnicos no que diz respeito às obsessões, para o esforço de soerguimento moral dos afetados, despertamento dos adormecidos na indiferença, prosseguimento dos laboriosos e lutadores devotados. Principalmente, também, com o objetivo de atrair para as falanges do bem os extraviados, que se permitem o engodo de transformar-se em inimigos de Jesus.

Unidos mental e emocionalmente, seremos como diferente exército que combate com as armas da compaixão e do esclarecimento, da misericórdia e do amor.

O Senhor comanda-nos e convida-nos à grande batalha da luz clareando a treva, do perdão substituindo a vingança, da pureza e da humildade em lugar da luxúria e da prepotência.

Que Ele mesmo nos impulsione e conduza, são os nossos fervorosos votos para todos.

No silêncio natural que se fez, as emoções subiram-nos dos corações aos olhos e lágrimas romperam a comporta de segurança, num misto de júbilo, de gratidão ao Pai e de preocupação pelos dolorosos fenômenos relatados.

Automaticamente, o coral infantil começou a modular uma sonata encantadora de exaltação a Jesus, ainda não conhecida na Terra, enriquecendo-nos de paz e de irrestrita confiança no futuro.

A seguir, nosso administrador, com emoção significativa, orou ao Senhor em agradecimento, e logo encerrou a reunião.

Lá fora, a noite esplendia em beleza e perfumes.

Após a formação de pequenos grupos que se acercaram da visitante gloriosa, foram-lhe apresentadas algumas questões que pediam esclarecimentos, preocupações que precisavam ser elucidadas e quase todos se retiraram.

Fomos informados, aqueles que deveríamos participar da frente de ação combativa, da existência de outra reunião, que teria lugar após o encerramento daquela que nos apresentara a paisagem geral dos acontecimentos.

Quando a sala estava quase deserta, o irmão Ovídio convidou-nos com um gesto delicado, e nós cinco fomos apresentados à embaixadora do Senhor.

Cativante e gentil, recebeu-nos com elevada cortesia e, por solicitação do nosso administrador, seguimos a uma sala contígua, menor, onde seriam apresentados os projetos que nos diriam respeito em nossa atividade no planeta, para a qual fomos convidados.

Seriam necessárias estratégias de amor e de energia numa perfeita identificação de princípios fixados nas insuperáveis lições do Evangelho.

2
PLANEJAMENTOS SOCORRISTAS

Sentando-nos em semicírculo e tendo a veneranda mentora no centro, os seus acólitos permaneceram num segundo plano e, ao lado do irmão Ovídio, expôs:

— Não ignorais que a mansidão e a misericórdia serão sempre os nossos instrumentos de estratégia fraternal.

Agredidos e desafiados, conforme ocorrerá, mantereis a irrestrita confiança n'Aquele que preferiu a desonra à defesa inútil, a morte infamante à permanência na injúria e na covardia.

Diante da crueldade e da perseguição inclementes, permanecei tomados pela misericórdia e ternura, evitai os pensamentos reacionários, porque estaremos no imenso campo de lutas, além das formas, em batalhas vibratórias.

Nenhuma vulgar e chocante provocação, por mais grave, poderá ser respondida sob a ação do melindre ou da repreenda como forma de reação.

Preparados pelo sentimento de piedade, compreendendo-lhes a loucura, usareis sempre os recursos psicoterapêuticos do entendimento de tal forma que eles não disporão de forças para o prosseguimento nas agressões terríficas.

Em qualquer circunstância, vede neles os irmãos infelizes que vos cabe amparar.

A atual situação é resultado do rancor de antigos inquisidores, suas vítimas, judeus e muçulmanos, que permanecem em região de inomináveis sofrimentos. Cientificados do desenvolvimento do pensamento de Jesus sob as luzes do Consolador, tornados adversários do Cristo, em face das decepções de que foram vítimas após as respectivas desencarnações, homiziaram-se em cavernas sombrias do próprio planeta, onde instalaram o antirreino do bem e acolhem fanáticos e criminosos em desalinho mental, portadores de elevado nível intelectual, mas pobres do sentimento de amor.

Reduto de trevas e ódios, cresceram em número e, periodicamente, atacam a sociedade terrena, impõem o pavor, especialmente nos períodos de acontecimentos funestos, quando se utilizam dos conflitos gerais para imiscuir-se na população e gerar mais terríveis sofrimentos.

Carrascos de si mesmos, transferem o ódio cultivado na sucessão dos séculos, desde a Idade Média, e dizem-se justiceiros, encarregados de ser a chibata da Divindade aplicada no dorso das criaturas que necessitam de correção.

Desempenharam papel relevante durante o nazismo, especialmente no que se refere ao holocausto judaico, e agora terçam armas e atacam frontalmente o Mestre nas células espíritas, de modo que muitos danos levem à desistência os convidados para o banquete da Era Nova.

Em diversas instituições onde o Senhor é reverenciado e divulgado pelas vozes dos Céus, *têm-se imiscuído, em razão de alguns desmandos e atitudes sórdidas de aventureiros que aderem ao pensamento espírita, mas não à sua conduta, sempre encontram erros em tudo, são impelidos a apresentarem modificações na estrutura da Doutrina, tentam ridicularizar os amantes da verdade, que são denominados ortodoxos e fanáticos, ultrapassados e antiquados.*

Atribuem-se valores que não possuem, arregimentam outros sofredores descontentes, que se encontram em busca do prazer e mascaram-se de trabalhadores do bem para exibirem a própria prosápia e, desse modo, tombam nas malhas apertadas que os tornam dissidentes, acusadores, inimigos...

São ardilosos e muito hábeis no sofisma, pois que chegaram ao topete de acreditar que, no passado, enfrentaram reis e príncipes que se lhes submeteram, e pensam que ainda podem repetir as nefandas façanhas.

Fanáticos pelas tradições da Igreja decadente da época em que viveram, sabiam que eram criminosos pelos atos praticados, mas se acreditavam merecedores do Reino dos Céus, conforme se fizeram chefes dos domínios da Terra... Ao enfrentarem a própria consciência em conflitos inenarráveis, bloquearam o pensamento e a razão, asfixiaram o raciocínio e construíram torpes personas a que se submetem sonhadores e cruéis, porque sabem que não poderão continuar sine die *na situação em que se comprazem, em função das Leis Soberanas da Vida de que ninguém pode fugir.*

Refugiados nos seus quartéis de sombra e dor, onde vivem como senhores absolutos, comandam verdadeira legião de asseclas que lhes atendem as ordens e realizam os escabrosos desejos.

Serão, portanto, esses irmãos infelizes e os tradicionais inimigos de Jesus, que estão hoje voltados contra o Mestre de amor e que, ao verem a transformação que se opera na Terra, o anúncio dos futuros dias da regeneração do planeta, infestam a sociedade com a luxúria, o desperdício, a insensibilidade e o desrespeito aos valores enobrecidos.

Certamente não são responsáveis pelos descalabros de toda ordem, que hoje dominam os arraiais terrestres, mas, especificamente, além de contribuírem para a alucinação generalizada, dedicam-se com especial rancor à guerra santa contra os hereges espíritas, *que devem ser dizimados, afastados das trilhas da caridade e atirados aos abismos do prazer, da negação, das obsessões.*

Utilizam-se dos demônios *internos das criaturas, atenazam-nas também com as suas influências pestíferas, e tudo procuram consumir em tormentos depressivos generalizados e transtornos agressivos pelas drogas e paixões inferiores, atemorizando a sociedade e infelicitando-a.*

De alguma forma, inspiram ondas de terrorismo, de vinditas, de guerrilhas e de guerras que gostariam de ver dominando a Terra, como vem ocorrendo e como se apresenta em ameaça tormentosa no Oriente como no Ocidente...

Fez uma pausa oportuna, demonstrou a preocupação natural ante os nefandos propósitos dos inimigos da Humanidade.

De imediato, prosseguiu:

— *Unem-se aos grupos extremistas de outras doutrinas religiosas e políticas, bárbaras e impiedosas, dizem-se o anticristo, numa caricatura do anticonsolador com o qual competem...*

Aderiram às organizações judaicas, algumas suas vítimas antigas, nessa tremenda onda contra o Cristo e Sua Doutrina, e, enlouquecidos, pretendem instaurar na Terra o reino do terror.

É momento muito sério que está a exigir esforços hercúleos e dedicação quase exclusiva de todos aqueles que são afeiçoados ao bem em todas e quaisquer das suas manifestações.

Uma veneranda instituição terrestre servir-vos-á de abrigo por quarenta dias, quando trabalhareis sob o nosso comando desde nossa Esfera e dirigidos pela figura apostolar do nobre cristão que seguirá convosco, Dr. Adolfo Bezerra de Menezes Cavalcanti, que vos elegeu como auxiliares para a delicada empresa.

Muni-vos de humildade real e revesti-vos da couraça da oração, a fim de poderdes enfrentar a situação com os sublimes instrumentos da caridade em todos os momentos, a fim de preparardes o advento dos porvindouros dias de edificação superior e de paz que todos necessitam no planeta amado.

Outros grupos estão sendo organizados, a fim de atenderem ao apelo dos lídimos servidores do bem, nas diversas áreas do comportamento humano.

Nesse ínterim, encontrar-nos-emos, vez que outra, quando for necessária a nossa presença na Terra, ou a presença de algum mártir, a fim de serem dirimidas dificuldades e solucionados problemas de maior envergadura.

Se tiverdes alguma indagação, estamos às vossas ordens para respondê-las.

Os comprometidos com a nova tarefa estávamos sensibilizados.

O venerando *apóstolo da caridade*, Dr. Bezerra, com tocante humildade, compreendendo a nossa emoção, falou pelo pequeno grupo:

– *Veneranda benfeitora:*

Constitui-nos uma bênção imerecida a honra de servir ao Mestre nestes turbulentos dias da comunidade terrestre.

Outra aspiração não mantemos, exceto a de trabalharmos incessantemente pelo autoburilamento e a projeção da divina luz do amor nos corações humanos.

Sabemos que a vossa bondade estará socorrendo-nos em nome do Senhor, mesmo que não verbalizemos as necessidades, desse modo, rogamos que expresseis ao Santo de Assis o nosso profundo reconhecimento por haver-nos distinguido com a possibilidade de servir mais e sempre melhor, expressando ao Divino Mestre as emoções que nos dominam e que as palavras não conseguem verbalizar.

Confiando, portanto, no bem inefável, tudo envidaremos para errar menos e nos tornarmos dignos do empreendimento para o qual necessitamos de inspiração e de misericórdia, a fim de conseguirmos a vitória do amor nos corações e da caridade nas ações dos irmãos ainda equivocados.

Abençoai-nos em nome d'Ele, que prossegue amando-nos, mesmo com a constância dos nossos erros e compromissos infelizes.

Quando silenciou, após expressar o que certamente todos gostaríamos de dizer, tinha lágrimas nos brilhantes olhos azuis que não se encorajavam escorrer pela face iluminada.

Despedindo-se de todos nós, a benfeitora retirou-se com os seus auxiliares, direcionando-se à Esfera de luz onde habita.

Diante dos nossos olhos, foram-se diluindo até desaparecerem numa réstia prateada.

O administrador também teve que se retirar e ficamos, o pequeno grupo, agora sob o comando seguro do Dr. Bezerra, que se encarregou de apresentar-nos uns aos outros, embora alguns já fôssemos conhecidos.

Além de nós outro e do Dr. Carneiro de Campos, soubemos que entre nós estavam compondo a equipe Virgílio de Almeida, abnegado espírita mineiro, que se dedicara, na mais recente existência, ao ministério de viver a Doutrina com o máximo respeito e abnegação, deixando pegadas luminosas, que servem de diretrizes de segurança a muitos trabalhadores da atualidade. Jovial e amigo, cativou-nos, de imediato, pela simpatia e irradiação de nobreza. A seguir, conhecemos Germano Passos, que fora estudioso do magnetismo antes de aderir ao Espiritismo, qual ocorrera com Allan Kardec, na primeira fase da sua existência. Era especialista no conhecimento dos fluidos e das energias que são produzidas pelo Espírito e que seria utilizado nos momentos próprios, de maneira a liberar obsessos de ambos os planos da vida.

Depois de entretecermos breves considerações em torno do projeto que nos unia sob as bênçãos de Jesus, demandamos aos nossos lares, devendo seguir à Instituição que nos hospedaria ao cair da tarde seguinte.

Quando nos retiramos do imenso auditório, as estrelas cintilantes pareciam dialogar, umas com as outras, em face das emissões de argêntea luz.

O Cosmo sempre me fascinara, desde quando me encontrava na Terra, atraindo-me a atenção para o milagre desses fascinantes e grandiosos globos a girar infinitamente em torno dos astros-reis e dos turbilhões formando galáxias inimagináveis. Muitas vezes, deixava-me arrebatar na contemplação das noites banhadas de luar e de constelações gloriosas falando-me sem palavras sobre a grandeza de Deus.

Enquanto me dirigia ao lar, emoções especiais dominavam-me, pela oportunidade de volver ao planeta querido para atividades de intercâmbio e de socorro aos irmãos de jornada, agradecendo interiormente a oportunidade que reconhecia não merecer.

Orando e bendizendo a Sublime Misericórdia do Pai, deixei-me arrebatar pelas expectativas do labor delineado até o momento quando nos dirigimos às queridas terras do Cruzeiro do Sul.

A cidade grande e tumultuada com o seu trânsito enlouquecedor, a movimentação das pessoas agitadas, umas no retorno ao ninho doméstico, outras buscando lugares para as refeições, outras mais, os educandários noturnos, as casas de recreação, enfim, o atendimento aos compromissos que lhes diziam respeito...

Também observava as multidões de desencarnados, alguns atropelando os revestidos de matéria, sem que nenhum deles se desse conta da existência do outro, Espíritos doentes e alquebrados que formavam grupos de desalentados, perturbadores e zombeteiros em azáfama inquietante, perseguidores inclementes imantados às suas vítimas em contubérnio psíquico e físico, e nobres Entidades que edificam o bem e protegem aqueles com os quais mantêm afinidade, em perfeita identificação vibratória.

Quando chegamos à Sociedade Espírita, fomos surpreendidos pela amplitude do edifício de três pisos com boas instalações materiais, aconchegantes umas e confortáveis outras, mas sem luxo, e com muita atividade espiritual.

Eram aproximadamente 18h e equipes de atendentes fraternos encontravam-se a postos, enquanto os necessitados esperavam pacientemente, ouvindo música suave e inspiradora.

A paisagem do sofrimento era visível, porque alguns se apresentavam ansiosos e expectantes, outros algo hebetados e outros indiferentes, qual ocorre em qualquer nosocômio terrestre.

Trabalhadores desencarnados diligentes movimentavam-se com discrição e segurança, mantendo o equilíbrio geral, evitando que os agitados e perversos gerassem qualquer tipo de distúrbio.

À porta, esperando-nos, encontrava-se o abnegado mentor da Casa, que se nos identificou bondosamente, deixando-nos à vontade e oferecendo-nos, com toda a sua equipe, a contribuir em favor do nosso objetivo, do qual estava informado e convenientemente preparado.

Disse-nos chamar-se Elvídio, e que se dedicava a manter a Instituição desde quando fora desenhada no Plano espiritual e os primeiros servidores foram programados para a sua edificação na Terra.

Relatou-nos que se tratava de um grupo de antigos cristãos que se haviam extraviados nos séculos passados, que foram resgatados pelo *Cantor de Deus*, por ocasião da sua jornada sublime, e que novamente se perderam pelos desvãos do desequilíbrio, e novamente, após a chegada do *Consolador*, encontravam-se em processo de recuperação.

O ministério essencial a que todos se dedicavam, além da divulgação dos postulados espíritas, conforme a Codificação, à qual se dedicavam com fidelidade, era o da iluminação de consciências e caridade espiritual, moral, educacional por todos os meios ao alcance.

As suas reuniões estavam sempre assinaladas pelas propostas de superação dos vícios e das paixões inferiores, firmando-se propósitos de comportamento saudável, de convivência social edificante, e, ao mesmo tempo, de evangelização das mentes infantojuvenis, preparando as gerações novas para os enfrentamentos do futuro.

— *A existência física sem o conhecimento do Espiritismo* — enunciou, respeitosamente — *é um grande desafio, pela falta de equipamentos iluminativos, que permitem viceje a ignorância, predomine o egoísmo, desenvolva-se o anseio doentio pelo prazer e pelo ter, distantes do transformar-se para melhor, por falta de meta psicológica de sentido profundo capaz de resistir aos embates do cotidiano.*

As multidões aturdidas que se entredevoram na competitividade doentia, na animosidade contínua, no desinteresse pelo ser espiritual que são resultam, invariavelmente, do desconhecimento e desvinculação com o programa da imortalidade e a visão clara da transitoriedade carnal.

Ansiosas por aproveitar o breve tempo da organização física, entregam-se a todos os conflitos que conduzem no íntimo e, simultaneamente, à volúpia do desfrutar sem responsabilidade, nem certeza de que o sentido da vida material é mais grandioso, merecendo sacrifícios e lutas, em vez da insanidade do apenas fruir enquanto se pode.

Amável, conduziu-nos a uma sala especial no segundo piso, onde nos hospedaríamos, pois que estava equipada de alguns aparelhos que nos poderiam ser úteis durante o período em que ali permanecêssemos.

Camas asseadas e móveis bem distribuídos haviam sido providenciados no espaço, incluindo pequena área onde poderíamos reunir-nos para discussões dos labores.

Explicou-nos que, logo mais, às 20 horas, haveria reunião doutrinária, onde seria ouvido jovem expositor que vinha atraindo expressivo número de interessados pela mensagem de que era portador.

Deixando-nos à vontade, foi atender aos deveres que lhe diziam respeito.

Aguardamos o momento da reunião e, à hora determinada, adentramo-nos na sala repleta de interessados nos estudos da noite.

Pudemos observar que os presentes mantinham-se em clima de harmonia, conservando o relativo silêncio que se pode esperar de um grande número de pessoas, nem todas possuidoras do discernimento que ensina a comportar-se em reuniões desse gênero.

Espíritos amigos e benfeitores de muitos dos presentes encontravam-se, joviais e atentos, ao lado dos seus beneficiários, assim como muitos desencarnados em aflição, com as marcas lamentáveis do processo morte não concluído, ainda apegados às reminiscências da matéria e transmitindo desagradáveis sensações àqueles com os quais se encontravam em sintonia, assim como alguns inimigos ferozes que se agitavam e deploravam não poder agredir as suas vítimas. Era um espetáculo merecedor de cuidados que os vigilantes encarregados de manter a ordem cuidavam com especial desvelo.

Uma suave melodia convidava à meditação, embora algumas pessoas inquietas, que não conseguiam harmonizar-se.

Foi composta a mesa dos trabalhos pelo presidente da Instituição e mais dois convidados, um dos quais era o jovem orador, anteriormente mencionado.

Foi proferida a prece de abertura, entretecidas ligeiras considerações em torno do objetivo da reunião e apresentados alguns avisos, sendo a palavra transferida para o seu responsável.

Levantou-se um jovem de aproximados 25 anos, bem aprumado e concentrado, demonstrando responsabilidade sem afetação, simplicidade sem impostura, e depois de proferir a saudação ensinada por Jesus, a respeito da paz que deve estar presente em todo lugar, começou a falar sobre a missão do Espiritismo na Terra.

Com voz comedida e pausada, abordou, com precisão, os paradigmas da Doutrina, a começar pela crença em Deus e culminou com a pluralidade dos mundos habitados.

Consciente do significado da mensagem, sintonizava perfeitamente com o seu guia espiritual que o influenciava com segurança e afeição, logrando fazer que as palavras emitissem vibrações saudáveis para o público ávido de conhecimentos.

Enquanto isso, Espíritos afeiçoados à caridade aplicavam recursos fluídicos nos assistentes concentrados no tema, enquanto acompanhavam as reflexões do expositor.

Repentinamente, percebeu-se uma agitação na porta de entrada da sala, quando apareceu um cavalheiro agitado a blasfemar, segurado por dois outros que tentavam mantê-lo em equilíbrio. Era visível o seu estado de perturbação e de alcoolismo, enquanto um Espírito malsão dominava-lhe parte do sistema nervoso central, e, incorporado, gritava desacatos e acrimônias.

As pessoas assustaram-se, porque esse não era um comportamento habitual, mas que os mentores permitiram com vários objetivos, um dos quais era o de socorrer a ambos indigitados e, ao mesmo tempo, demonstrar que a Casa do Senhor é hospital para todas as angústias e necessidades humanas.

O expositor não se perturbou e solicitou que todos se voltassem para ele, porquanto os responsáveis pela Sociedade tomariam as providências compatíveis, de alguma forma, asserenando os mais inquietos, que também se agitaram e passaram a sintonizar com o desordeiro espiritual.

Vimos o mentor Elvídio acercar-se do paciente em desalinho e envolvê-lo em fortes feixes de energia, enquanto os auxiliares internos removiam-no para a secretaria que ficava próxima à entrada.

Nesse comenos, Dr. Bezerra convidou-nos com um gesto discreto a seguirmos ao local em que se dava a ocorrência e, quando chegamos, solicitou ao nosso Germano que aplicasse energias magnéticas de forma a deslindar o psiquismo agressor dos centros de força (*chakras*) coronário e cerebral da sua vítima, o que foi conseguido em breves momentos de ação benéfica.

Livre da injunção constritora, o paciente pareceu ser acometido por um vágado, mas amparado fisicamente como se encontrava, logo depois abriu os olhos e, estremunhado, procurou recompor-se, embora permanecessem os efeitos do álcool no seu organismo.

Dois enfermeiros do núcleo removeram o desencarnado para outro recinto dedicado às atividades mediúnicas, imobilizado pelas energias que o submeteram, embora continuasse furioso, enunciando palavras chulas e verbetes desconexos, frutos da loucura que o tomava.

O nosso mentor logo nos explicou, à meia-voz, que se tratava de uma das Entidades pertencentes aos agressores vinculados ao grupo anticristo...

Sem haver-se permitido perturbar, o moço afeiçoado ao Evangelho utilizou-se do incidente para abordar o paradigma a respeito das comunicações espirituais, explicando que tal vida, tal morte e que cada qual desperta além da cortina de matéria conforme a conduta que manteve durante a viagem corporal. Explicou o fenômeno com naturalidade, demonstrou que as interferências espirituais ocorrem dentro de faixas próprias de vibrações mentais e morais, conclamando os ouvintes à mudança de comportamento e à vigilância, porque muitos males que a todos afligem, têm as suas raízes no Mais-além, onde se cruzam as ondas dos pensamentos que produzem sintonias por equivalência de onda.

Teve o cuidado de esclarecer que todo aquele que se entrega ao dever e ao bem experimenta o divino amparo e que ocorrência daquela natureza era permitida na Instituição com o objetivo de demonstrar que os dons espirituais – a mediunidade – são inerentes a todos os indivíduos, mais pujante nuns do que noutros, como é compreensível. Em referência àquele fenômeno, o mesmo teria ocorrido com permissão dos guias espirituais, a fim de advertir os desavisados e confirmar a realidade das comunicações, ao mesmo tempo, o mister da caridade socorrista a ambos enfermos: o encarnado e o seu adversário.

Transcorridos cinquenta minutos, encerrou a bela e coerente palestra com uma peroração ao Senhor e agradeceu as bênçãos de que todos foram objeto.

A seguir, a reunião foi encerrada, vários presentes procuraram as salas para receber passes, outros para atendimento fraterno, outros mais para conversação edificante, banhados pelos muitos benefícios espirituais que lhes foram proporcionados.

Os dois cavalheiros que seguravam o enfermo espiritual explicaram a razão de haverem conduzido o desesperado àquela Instituição em vez de a um hospital: perceberam que não se tratava de um transtorno emocional, mas de uma injunção espiritual, e pediram desculpas pela ocorrência desagradável.

Foram tranquilizados pelo diretor, que demonstrou perfeita compreensão da ocorrência e explicou que aquela é uma das finalidades das instituições espíritas: atender os sofredores e especialmente os portadores de obsessões.

3
ATENDIMENTO DE EMERGÊNCIA

O paciente foi conduzido ao lar pelos amigos que o trouxeram à reunião em busca de socorro especializado. Antes, porém, da saída, foram orientados pelo presidente que recomendassem ao enfermo retornar à Instituição, a fim de receber esclarecimentos sobre a sua problemática, contudo, num estado de lucidez que o capacitasse a entender a ocorrência perturbadora de caráter obsessivo.

Foi então que os amigos narraram não haver sido aquele um episódio único, senão que se apresentara mais grave do que nas vezes anteriores, atingindo o relacionamento familiar e social que se deteriorava cada dia mais.

Comprometeram-se a cooperar com o amigo, interferindo no seu comportamento e vindo, também eles, a fim de mais entenderem as propostas do Espiritismo.

Mais tarde, aproximadamente 1h da madrugada seguinte, quando todos os labores da Sociedade haviam sido atendidos como de hábito, nosso mentor convidou-nos a visitar o indigitado Espírito que se encontrava em recinto próprio onde se realizavam as atividades mediúnicas de socorro desobsessivo.

Impossibilitado de evadir-se do local e de dar vazão aos sentimentos agressivos, mantendo a linguagem imprópria e agressiva, Dr. Bezerra solicitou ao irmão Elvídio permissão para um atendimento especial ao enfermo espiritual, no que foi prontamente aceito.

Vociferando, em estado de quase loucura, em cuja conduta percebemos que se tratava de um hipnotizado por inclemente dominador de consciências no Mais-além; nosso Germano aplicou-lhe energias vigorosas, a fim de que se acalmasse, lentamente o aquietando, para que fosse possível um diálogo proveitoso.

Diminuída a incidência hipnótica do agente dominador, o enfermo espiritual pareceu recuperar a razão, sem mudar a atitude mental odienta.

— *Bem sabemos, querido irmão* — dirigiu-lhe a palavra o nosso amado Dr. Bezerra —, *que você se encontra em grandes sofrimentos que o desvairam, induzindo-o a comportamentos injustificáveis, quais, entre outros, utilizar-se do invigilante amigo que trouxe até aqui, com a expressa finalidade de provocar pânico e desconforto na reunião.*

Identificamos o caro amigo na sua condição de membro ativo da organização anticristã que ora se esforça por gerar distúrbios entre os novos discípulos de Jesus afeiçoados à Revelação Espírita. Não nos surpreendeu, portanto, a sua intromissão na reunião, porque sabemos de como a organização maléfica vem atacando os servidores do bem, que resvalam nos compromissos, deixando-se atrair pelas frivolidades e disputas inúteis por cargos e projeções enganosas, dividindo-os em grupelhos que se antagonizam... Acreditamos que os seus chefetes estão informados de que nos encontramos, os que amamos Jesus, a postos para o serviço de preservação dos valores doutrinários e comportamentais na Sua seara, embora reconhecendo as próprias imperfeições. Não foi coincidência o que ocorreu na reunião em que o irmão-amigo se adentrou com balbúrdia e desacato. O ato faz parte de um programa muito bem elaborado para desarticular o movimento que cresce e ampara os filhos do Calvário. Nada obstante, o Senhor, que vela por todos nós, estabeleceu critérios de defesa em benefício daqueles que Lhe são fiéis e foi possível impedir que se concretizassem os seus planos nefastos.

O visitante desencarnado mantinha-se silencioso, embora a expressão facial demonstrasse a revolta que exalava e o rancor de que se sentia possuído.

Impossibilitado de sopitar por mais tempo a revolta que o asfixiava, bradou, um pouco agitado:

— *É covardia o ato de aprisionar-me, de deter-me no intento que me trouxe aqui sob ordens superiores daqueles que governam muitas mentes e se preparam para o grande enfrentamento. Veremos quem será o vencedor, se os hipócritas membros da aberrante farsa espírita ou aqueles veneráveis mantenedores da fé viva, herdada do passado histórico que nada pode destruir.*

Dr. Bezerra, ao demonstrar sincera compaixão pelo atormentado, redarguiu com ternura e bondade:

— *Os diretores espirituais da Casa agredida não se comportaram de maneira covarde, porquanto foram vítimas da maneira indigna como foram surpreendidos pelo caro amigo, que invadiu as fronteiras da Instituição, utilizou-se de um pobre desequilibrado para intimidar a multidão, assustá-la e deixar a impressão de que a mensagem que aqui se vivencia é geradora de loucura, como se apregoava no passado... Os servidores de Jesus Cristo não operam a sós, sempre assistidos por Aquele que lhes é o modelo superior e ao qual se oferecem em regime de totalidade. O amigo é que teve o atrevimento de permitir-se o escândalo, sendo, portanto, impedido de executá--lo em totalidade conforme o havia planejado.*

Mas o nosso objetivo não é a discussão inútil, o jogo de sofismas hábeis e postergadores da verdade. É, sim, atender as suas dores e confortá-lo, resgatá-lo da situação vergonhosa em que se encontra para a liberdade que o Evangelho concede aos seus seguidores, conforme a promessa do Senhor de que na busca dessa verdade se encontra a legítima libertação.

— Mas eu não necessito de sua ajuda nem a desejo. Sou livre e permito-me participar das hostes em que me encontro por vontade própria.

— Engana-se, meu amigo — retrucou o mentor. *— Você como outros membros da sombria organização foram arrebatados no túmulo que enfrentaram com muitos problemas conduzidos da Terra, e submetidos aos métodos de lavagem cerebral e de dominação de cruéis verdugos da Humanidade em regiões degradantes da Erraticidade inferior, onde desafortunados antigos edificaram o seu reino de terror... Utilizam-se de métodos infames, submetem-nos à hipnose ultrajante para roubar-lhes a vontade, mediante a qual lhes anulam o discernimento e tornam-nos verdadeiros sonâmbulos sob comando hediondo.*

— Não concordo com a informação porque tenho lucidez para fazer aquilo que me parece melhor e a cuja tarefa me entrego com alegria, como o desforçar-me dos males que me foram impostos pelos traidores do verdadeiro Evangelho.

— Lamentamos informá-lo — frisou o doce médico *— de que as suas não são reflexões próprias, senão o reflexo das ideias que lhe foram impostas.*

Nosso maior anelo, porém, é auxiliá-lo na conquista da harmonia interior e da paz, porque o mal nunca pode ser instrumento de saúde ou de bem-estar. O irmão encontra-se vencido pelas energias deletérias dos seus manipuladores, qual ocorre com outros em estado agônico semelhante. Desconhecedores da paz interna, acostumaram-se às sensações fortes do ódio e às emoções desnaturadas da amargura, envenenando-se com os tóxicos emitidos pela própria mente em desalinho... Veja o estado deplorável em que se encontra, suas vestes, sua aparência, seu desequilíbrio emocional e logo constatará que não passa de um autômato comandado a distância. Jesus o aguarda, a fim de proporcionar-lhe a consciência de si, a opção lúcida para a vida plena.

— *Não insista* — revidou o exaltado — *nessa argumentação estúpida, porque mais me açula a animosidade, tanto detesto o seu Jesus quanto a sua imposição, e sou obrigado a ouvi-lo sob sua dominação... Submetido estou agora, porque a minha vontade não é respeitada, sendo obrigado a escutar-lhe as alegações estúpidas...*

— *Posso imaginar os seus sofrimentos* — interrompeu-lhe o psicoterapeuta espiritual — *para que se compraza em situação de tal natureza. Em respeito, portanto, à Lei de escolha e de liberdade de consciência, que vige no Universo, concordo que o amigo possa partir sem qualquer impedimento de nossa parte...*

Após um átimo em que ambos ficaram em silêncio e se experimentava a psicosfera ambiental e o reflexo das silenciosas súplicas ao Senhor que todos fazíamos em benefício do irmão enfermo, nosso mentor concluiu:

— *Permita-nos, então, orar com você...*

— *Não, detesto a prece e não tenho nenhum compromisso, nem com você, menos com ela.*

— *Mas serei eu a fazê-la, e não o amigo. Somente lhe solicito ouvi-la.*

— *Não posso! A prece faz-me muito mal, porque me reconduz a situações que não desejo reviver.*

— *Essas situações referidas são as que antecederam à sua adesão compulsória ao comportamento atual, no qual foi necessário esquecer o passado de graves erros, mas também de momentos de amor e de esperança...*

— *Não necessito de um ou de outro. Agasalho no coração a certeza da vitória sobre os inimigos e, portanto, a compensação que virá...*

— *Todavia, passado o momento eufórico do aparente êxito, qual a meta do viver? Já não tendo aqueles a quem chama inimigos a combater, quais motivações experimentará para continuar as lutas?*

— *Isso não importa. Pensarei depois...*

— *Agora é o seu momento. Apenas um momento lhe peço...*

O Espírito começou a chorar de desespero, porque o diálogo, embora rápido, de alguma forma despertou-lhe impressões adormecidas no inconsciente, que o levaram às lágrimas.

Nesse momento, Dr. Bezerra exorou a proteção de Jesus em favor do indigitado, emocionando-nos com a rogativa ungida de compreensão, piedade e espírito de misericórdia, em seu benefício.

Enquanto orava, uma suave claridade desceu sobre todos nós e uma onda de perfume proporcionou-nos emoções espirituais de alto teor.

As últimas palavras do benfeitor selavam a rogativa com um apelo de compaixão:

— *Sois o Amor não amado, que o mundo não considerou, embora fôsseis a luz do mundo e a porta de salvação.*

Assim, apiedai-vos do irmão que enlouqueceu em circunstâncias infelizes no passado e perdeu o rumo. Trazei-o de volta ao Vosso rebanho, Vós que nos ensinastes a deixar noventa e nove ovelhas para ir em busca de apenas uma que se extraviou...

Compadecei-vos, Senhor e Protetor dos infelizes, do nosso irmão em desalinho, ajudai-o a despertar para a Verdade e abençoai-nos a todos.

A voz foi embargada pela emoção superior e o ambiente saturado de vibrações especiais.

Nesse instante, adentrou-se um Espírito em vestes franciscanas primitivas, aureolado de claridades sublimes, com as mãos distendidas, que se dirigiu ao invasor aturdido e disse-lhe:

— *Giacomo, Jesus te espera desde há muito. Não fujas do aguilhão, nem abandones a tua cruz. Venho buscar-te em nome d'Ele. Não recalcitres mais. Este é o teu momento de libertação. Há quanto tempo aguardamos por esta oportunidade!*

Tomado de espanto e com os olhos desmesuradamente abertos e pranto espontâneo, volumoso, ele gritou:

— *Umberto, di Rivotorto! Dio vi benedica. Grazie mile!*[1]

E atirou-se nos braços abertos do bem-aventurado, vertendo pranto renovador que, à semelhança de uma cascata, havia rompido o dique que o continha e agora se espraiava.

O visitante espiritual tomou nos braços o companheiro desmaiado, olhou-nos de maneira inolvidável e sorriu suavemente, num gesto de agradecimento sem palavras, que ficaria impresso em nosso ser para sempre.

As vibrações que pairavam no ar eram sonoras, provenientes do Mais-alto, e não podíamos sopitar os sentimentos de amor, respeito e gratidão Àquele que é o Caminho, a Verdade e a Vida.

Iniciava-se o labor para nós outro, que me parecia de maneira inusitada, inesperada, o que, certamente, não era para o nosso mentor.

Como o benfeitor deveria saber, estava preparado para recepcionar o irmão Giacomo e devia conhecer-lhe a história, de modo a manter o diálogo memorável que foi estabelecido, culminando com a visita do bem-aventurado discípulo de São Francisco de Assis naqueles venturosos dias do passado.

Somente a força do amor sem melindres nem retentivas para conseguir o verdadeiro milagre da transformação do desvairado e facultar-lhe a oportunidade que vinha sendo adiada para a modificação interior.

---

[1] "Umberto, de Rivotorto! Deus te abençoe. Muito obrigado!" (nota do autor espiritual).

4
OS DESAFIOS PROSSEGUEM

Utilizando-se do momento feliz, no qual o amor vencera o ódio, abriu espaço para futuras transformações no sofrido perseguidor, o venerável Dr. Bezerra dirigiu-nos a palavra jovial e elucidou-nos:

— *Iniciado o labor para o qual aqui nos encontramos, cabe-nos dar prosseguimento aos compromissos relevantes da fraternidade, com imediato atendimento a outros corações aflitos, a alguns dos companheiros que se encontram reencarnados com tarefas definidas e não estão sabendo conduzir-se.*

Neste grave momento de transição planetária, as hostes do Senhor estão atentas às ocorrências de todo porte que sucedem na seara dos trabalhadores da última hora, advertindo-os quanto às responsabilidades assumidas antes da reencarnação. Compreensivelmente, este é um período de turbulência, como ocorre em todos aqueles em que se manifestam as crises para as mudanças que objetivam o progresso moral e a evolução do pensamento espiritual, exigindo muita prudência e reflexão antes das ações. Não se deve atuar de maneira intempestiva, buscando-se sempre a figura incomparável de Jesus como modelo único, interrogando-se, quando a situação for vexatória: – *Que faria o Mestre neste momento? Como agiria?*

Ungir-se de humildade e de compreensão pelo outro, o seu próximo, proceder-se de maneira edificante, sem permitir-se que as paixões do ego, *a presunção e o despotismo assumam o comando. É inadiável o dever de voltar-se à simplicidade e à humildade real, despir-se dos títulos enganosos do poder temporal, mesquinho e irrelevante, para dialogar, compreender, ajudar e encontrar o melhor caminho para seguir-se solidário e jamais solitário. Ao mesmo tempo, conscientizar-se da própria fragilidade ante as circunstâncias tentadoras de todo porte, tanto aquelas que se referem à libido em suas variadas expressões, como aqueloutras que impulsionam ao domínio dos outros, à falsa superioridade, à aparente invulnerabilidade diante dos fenômenos atraentes e perturbadores. O passado está sempre em manipulação do presente, desse modo, é indispensável agir-se com equilíbrio hoje para que o futuro seja de renovação e de harmonia íntima.*

Não poucos líderes do nosso movimento, na Terra, vêm esquecendo-se do comportamento saudável, de como Allan Kardec atendia os desafios que enfrentava durante a construção e divulgação do Espiritismo, as acusações de que foi vítima, as tentativas de desequilibrar-lhe a emoção, a falta de siso e de conduta edificante de inúmeros amigos que o traíam e o acusavam, mas, apesar de tudo, manteve-se sempre fiel ao ideal e à mensagem libertadora.

Os irmãos adversários, os denominados obsessores, agem contra o bem e contra as pessoas, mediante as suas contribuições vibratórias, que lhes permitem a sincronização de ondas mentais, pelas quais intercambiamos as ideias, os pensamentos, os sentimentos.

Nunca será demais manter-se cada um em postura de simplicidade e receptividade, denodado e fiel ao trabalho que lhe cabe realizar, embainhando a língua na boca e impedindo-lhe a exteriorização dos conflitos que dão início aos choques e dissensões que se multiplicam férteis nos terrenos das instituições. Nesse sentido, a vigilância para manter-se cauto e casto, no desempenho dos deveres junto aos que sofrem, aos problematizados, aos enfermos que buscam amparo e, muitas vezes, transformam-se em seduções perigosas pela facilidade e despudor que lhes facultam expor-se. Essa debilidade de caráter tem sido responsável por muitas deserções e por tormentosos efeitos desmoralizadores do ideal de fidelidade ao dever.

Logo mais, estaremos atendendo um desses últimos fenômenos, que é fruto de uma armadilha perigosa trabalhada pelos inimigos do Cristo, em cujo encalço nos encontramos.

Silenciou por um pouco, e, de imediato, convocou-nos a visitar o diretor de respeitável Sociedade que estava sendo atacada ferozmente pelas Sombras.

Intrigas insidiosas geravam desconforto, frivolidades e acusações indébitas substituíam a fraternidade, grupos fechavam-se e agrediam outros, setores de atividades na Casa isolavam-se e tentavam sobrepor-se aos demais, competições e desavenças por cargos substituíam a simplicidade em campo de batalha e a perda da sintonia com a Espiritualidade superior, lentamente transferida para os serviçais do anticristo que se haviam infiltrado nos diversos setores, que envolviam os seus responsáveis que se censuravam reciprocamente mas não se examinavam...

Volitamos até um apartamento luxuoso num belo edifício, no qual residia o presidente da Sociedade agredida, esta conhecida como das mais respeitáveis pela folha de serviços à Humanidade e pela dignidade que sempre fora preservada em todos os seus membros, menos agora, quando atravessava a crise do desconserto e da invasão dos mistificadores do Além.

O Sr. Eduardo encontrava-se adormecido, mas em Espírito lutava com inclemente adversário que lhe provocava pesadelo, deixando-o suarento, alarmado... Nesse momento, sem perceber a nossa presença, o irmão Germano foi convidado sem palavras a aplicar energias saudáveis no companheiro encarnado, enquanto o Virgílio atraía a atenção do perseguidor, que se voltou na sua direção e blasonou, arrogante:

— *Até que enfim chegaram os lacaios do Cordeiro...*

E entregou-se a gargalhadas zombeteiras com expressões faciais deformadas.

O dedicado espírita mineiro, com paciência e compreensão, respondeu, mansamente:

— *Sim, somos os lacaios do Cordeiro, dedicados a amparar os lobos esfaimados e oferecer-lhes o pábulo que mata para sempre a fome de amor e de compaixão.*

Enquanto o diálogo prosseguia, vimos o Dr. Carneiro de Campos amparar o Sr. Eduardo com carinho paternal e retornamos ao centro de atividades sob o comando mental do nosso guia.

O litigante, que se voltara contra o irmão Virgílio, não se deu conta que fora também conduzido conosco, tal o seu estado de fixação nos propósitos morbosos que o sustentavam.

O mentor solicitara antes ao irmão Elvídio que buscasse, no lar, uma jovem médium que se encontrava em momento de grave decisão, abusada sexualmente pelo dirigente da Instituição, que se aproveitara da sua invigilância e tormentos íntimos para seduzi-la, sob a inspiração do adversário espiritual que veio conosco.

Quase que, concomitantemente, adormecida, deu entrada na sala a moça equivocada sob os cuidados de bondosos auxiliares espirituais.

Depois de instalados em dois leitos adrede preparados no recinto, fomos convidados a despertar a jovem, o que fizemos com delicadeza e sentimento paternal. Ao mesmo tempo, Dr. Carneiro despertou o Sr. Eduardo. Adquiriram vagarosamente a lucidez ambos os visitantes, quando foram esclarecidos que ali estavam em uma reunião espiritual para tratamento e acerto das dificuldades em que se encontravam envolvidos.

O Sr. Eduardo não ocultou o constrangimento que o acometeu, ainda mais quando viu a moça que ele enredara nas inconveniências do seu comportamento.

Por sua vez, a jovem iludida demonstrou grande surpresa e alegria ao vê-lo, e exclamou com simplicidade:

— *Deus seja louvado pelo nosso encontro!*

Atraídos ao semicírculo em que nos colocamos, foram convidados a sentar-se. A seguir, o mentor solicitou que Iracema, a convidada, continuasse a traduzir o seu contentamento.

Comovida com o encontro que não entendia, desvelou-se e informou com veemência ao amante:

— *Como lhe afirmei antes, a gestação agora foi confirmada, após o exame que me foi solicitado pelo médico.*

Tomado de desagradável surpresa, o Sr. Eduardo retrucou, irritado:

— *Você sabe que não pode ter esse filho. Não ignora que sou casado e tenho família. Demais, como você explicará aos seus familiares e aos nossos frequentadores a presença dessa criança? Quem você dirá que é o pai da criança? Irá, por acaso, destruir-me, humilhar-me diante de todos? Você sabia que eu era comprometido e que o nosso sentimento teria que ser mantido em discrição...*

Ele emitia ondas de cólera que alcançavam a moça, que a afligiam, levando-a às lágrimas.

— *Deve ser um pesadelo, o mesmo que me perturbou há pouco!* — gritou o dirigente aturdido.

Com bondade, o mentor esclareceu-o de que não se tratava de um pesadelo, mas de um encontro espiritual para que fossem regularizados os problemas que se avolumavam na Instituição e necessitavam ser obstados, de modo que se voltasse à pureza de comportamento, ao respeito ao próximo e aos deveres espirituais.

O Espírito que se encontrava em processo de reencarnação através de Iracema, expressava, por meio dos fluidos eliminados, o estado de perturbação em que se debatia.

Ao notar-me a estranheza, o amigo Dr. Carneiro explicou-me que se tratava de uma reencarnação muito grave, porquanto era programada pelos adversários do Mestre Jesus e que fora preparada para criar embaraços muito sérios em relação ao genitor desajustado, com o objetivo de desmoralizar a respeitável Instituição que dirigia.

Não pude furtar-me à interrogação espontânea que me brotou da alma:

— *Esses Espíritos infelizes podem programar reencarnações? Até onde vão as suas possibilidades, de forma que podem interferir desse modo nas atividades humanas?*

Sem qualquer enfado, o benfeitor explicou-me com paciência:

— *Tudo que existe e ocorre encontra-se sob a supervisão superior dos Embaixadores do Pai e, no querido planeta, sob os cuidados do Amigo Incomparável Jesus.*

Enquanto os desafortunados atrevem-se em organizar programas que dificultem a execução dos labores evolutivos das criaturas, tornam-se, por sua vez, objeto das Soberanas Leis que desconhecem, e passam a ser responsáveis pelos acontecimentos infelizes que os dispensariam, pois que a Providência dispõe de meios eficazes para todas as circunstâncias. Atrevidos e ambiciosos, acreditam-se possuidores de forças e de recursos para programarem reencarnações perniciosas, de intrometer-se em projetos relevantes, em edificações de alto porte, com propósitos infelizes de destruição a longo prazo. Eis por que a vigilância e a oração nunca podem ser descartadas, porquanto se trata de recurso preventivo contra o mal que ronda incessantemente os passos da Humanidade em todos os tempos.

O primeiro passo, eles conseguiram com êxito, ao utilizar-se da debilidade moral do irmão Eduardo que, portador de sexo viciado, em vez de amparar a necessitada que lhe buscou auxílio espiritual, complicou-lhe a existência com o tormento da sua sedução sob o controle dos inimigos dele próprio e da Sociedade que dirige.

O sexo, na atualidade terrestre, como em todos os tempos passados, guardadas as proporções, tem sido rampa de descida moral lamentável, que complicou muitas existências. Nesse sentido, vemos a naturalidade com que muitos aficionados das paixões inferiores creditam-lhe consideração, sempre em defesa dos direitos de exercer-se a função sexual conforme se apresente, mesmo que em violência contra as leis de equilíbrio, de renovação moral e espiritual dos seres humanos.

Pude observar que o Sr. Eduardo encontrava-se enleado em fluidos muito grosseiros, defluentes dos pensamentos em desalinho no cotidiano e na conduta desenfreada que se permitia, porquanto, embora a aparente dedicação aos compromissos espíritas, era frequentador de casas de tolerância, onde procurava dar vazão aos instintos mais vis.

O matrimônio, que deveria respeitar, e a paternidade, que lhe cabia dignificar, já não mereciam qualquer consideração, o que explodia em problemas domésticos, brigas contínuas com a esposa que lhe notava a conduta vulgar e já não suportava dissimular os problemas domésticos.

Naquele momento significativo, Dr. Bezerra buscou acalmar o companheiro revoltado, que se tornava *pedra de escândalo* na comunidade que deveria honrar com exemplos de elevação, renúncia e abnegação.

– *O irmão e amigo* – disse-lhe o nobre médico – *não tem por que ficar irritado com a revelação que lhe confirma o fruto da insensatez. Num relacionamento como o que o amigo se permitiu, sem tomar as providências impeditivas necessárias, era inevitável a ocorrência da gestação, especialmente num comportamento atentatório à dignidade pessoal da jovem inexperiente que foi usada com imprudência, assim como em relação a todos que frequentam a Instituição que deve ser dignificada pela conduta dos seus dirigentes.*

– *Eu não posso assumir essa paternidade!* – exclamou, ruborizado.

– *Pensasse no assunto antes das atitudes reprocháveis que manteve, quando ludibriou a boa-fé da cliente que lhe buscou o socorro e teve agravados os seus problemas.*

— Há uma solução muito fácil, que é o aborto, porquanto ainda há muito tempo, já que a gravidez deve ser recente...

— Como se atreve o amigo em pensar no hediondo crime do aborto perverso? Essa criança deverá nascer, a fim de ser educada nos princípios cristãos e não para dar curso ao objetivo para o qual está sendo preparada para o renascimento. O amigo não ignora a nuvem de testemunhas, a que se referia o Apóstolo Paulo, que a todos acompanha. Exceto se a sua crença é apenas um adorno intelectual e um mecanismo de exibicionismo cultural, distante do comportamento saudável que confirma a excelência da crença.

A vida é patrimônio de Deus e somente Ele pode decidir a respeito da sua manifestação ou interrupção.

Qualquer tentativa para o abortamento da existência em recomeço, a fim de ocultar as consequências da insensatez, é atitude que mais lhe agrava a existência, e que irá contribuir para futuros sofrimentos que devem ser evitados desde este momento. Ninguém consegue dissimular, ocultar a verdade para sempre, por mais habilidade de que disponha. Momento chega em que a própria consciência, que permanece obnubilada, liberta-se das injunções impeditivas e apresenta-se em forma de culpa tormentosa, que leva o paciente a suplicar o retorno ao corpo físico sob deformações genéticas e transtornos mentais, em tentativa de esquecimento e reparação da hediondez perpetrada.

— *Mas o que será de mim?* — interrogou, angustiado e em desespero.

Com a mesma energia, embora com suavidade, o mentor respondeu:

— *O irmão não desconhece que cada qual colhe onde e o que semeia. Até então, você vem burlando a confiança dos familiares, dos companheiros e, auto-hipnotizado pelo prazer doentio, tem-se deixado arrastar para a luxúria... Esses desmandos contribuíram para a sintonia de sua mente com Espíritos inditosos que tramam terríveis lutas contra o bem no mundo.*

Sabedor do objetivo da Terceira Revelação, que é o de desvelar o Evangelho de Jesus perfeitamente atualizado, para uma sociedade aturdida que tem necessidade de diretriz e de equilíbrio, não se tem mantido à altura da responsabilidade que lhe pesa sobre os ombros ao dirigir uma Instituição de alto porte espiritual como é a em que se encontra.

Diante da ocorrência que deve prosseguir, deverá assumir a paternidade e orientar o ser inditoso com carinho, com ele resgatando velhos débitos referentes a comportamentos igualmente inditosos do passado, que ora repete com desfaçatez. Certamente ocorrerá um escândalo, muito ao gosto dos desvarios atuais, mas lembrando-se da recomendação de Jesus à mulher surpreendida em adultério, quando lhe propôs que a partir daquele momento não voltasse a comprometer-se mais.

– Isso irá abalar a convicção de muitos frequentadores e criar intérminos embaraços entre os demais diretores da Casa. Minha mulher e filhos, que já vivem aflitos, ficarão profundamente marcados pelo desgosto do pai leviano...

– Sem dúvida! Mas a verdade, que sempre triunfa, será o aval da sua recuperação. Não será o fato de todos ignorarem o seu comportamento que você se torna um homem de bem. Como afirma, os familiares dão-se conta dos seus tormentos e sofrem com isso, embora mantenham o respeito que o amigo já não merece.

O conhecimento espírita é libertador e não se submete a vexames de tal monta, tendo em vista proteger o indivíduo em prejuízo da sociedade. Você tem convivido com os desencarnados, conhece-lhes a existência post mortem *e sabe que o intercâmbio entre as duas esferas da vida é frequente, normal e vigoroso. Não se poderia permitir a conduta dupla: a do homem de boa aparência na Instituição, que vem maculando com os dislates praticados, e a do escravo do sexo em desalinho. A disciplina em todos os sentidos é a melhor diretriz para uma vida saudável, especialmente no que diz respeito à conduta moral. O prazer, que aparentemente proporciona alegria, é ópio cujo efeito logo passa, exigindo dose sempre mais vigorosa depois.*

Nesse momento, vimos o irmão Ovídio acercar-se do enfermo moral e começar a aplicar-lhe passes, enquanto ele, tomado de verdadeira fúria, num surto inesperado, passou a debater-se e a gritar, ao conscientizar-se da dimensão do equívoco que se permitira.

A aplicação das energias bem dirigidas acalmou-o a pouco e pouco até que, vencido pelos fluidos saudáveis, adormeceu e foi removido.

A jovem Iracema acompanhava os diálogos com expressão de angústia e medo, embora estivesse amparada pelo irmão Germano Passos, que a sustentava com vigorosos pensamentos de amor e de compaixão.

Logo após, Dr. Bezerra acercou-se-lhe e elucidou:

— *Confie em Deus, minha filha. O filhinho deverá renascer através do seu corpo. Não tema as consequências das atitudes insanas que se permitiu. Você não poderá justificar-se ignorância em torno do estado civil do nosso amigo Eduardo. Sabia-o pai de família e facultou-se dominar pela sedução com que foi envolvida.*

— E ele me aceitará após estes acontecimentos? — indagou entre lágrimas.

— O futuro — respondeu, gentil — *somente Deus o conhece, não nos cabendo devaneios neste momento. O que é certo e inegável é que o ser que se encontra em processo de reencarnação merece todo o nosso carinho e o seu desvelo de mãe, embora a sua inexperiência neste momento. Desde que você permitiu-se a leviandade comportamental, cabe-lhe arcar com as consequências advindas, quer o genitor assuma ou não a paternidade. Invariavelmente, a mulher, possuidora de sentimentos elevados e mais sensível ao sacrifício, assume as responsabilidades do lar, mesmo quando destroçado desde o início. Deus não lhe faltará com os socorros próprios à educação e orientação do filhinho que recomeça a experiência evolutiva sob a coerção de forças antagônicas: de um lado, o compromisso com o grupo que espera dele ações cruéis e de nós outros que trabalharemos a fim de que encontre o caminho do bem.*

Enunciada uma prece comovedora pelo venerando mentor, a atividade foi encerrada e encaminhados os participantes para os núcleos dos próprios interesses emocionais.

5
ENFRENTAMENTOS ILUMINATIVOS

Desnecessário esclarecer que o Sr. Eduardo, ao despertar, guardava parte expressiva das lembranças das ocorrências que tiveram lugar em nossa Esfera de ação.

Demorou-se no leito em reflexão, demonstrando ira e revolta, com sentimentos tormentosos, por sentir-se à borda do abismo que ele próprio abrira através da conduta insana.

Incapaz de recorrer à oração, a fim de sintonizar com o bem sempre presente, preferiu voltar-se contra a jovem que vitimara, passando a receber a sórdida inspiração da Entidade infeliz que o explorava moralmente.

Ele sabia que não havia sido vítima de um pesadelo, mas de uma convivência com os mentores da Instituição que lhe não desconheciam a conduta vulgar e se lhe haviam acercado em desdobramento parcial pelo sono para a confirmação do processo reencarnatório do filho que não gostaria de ter.

Infelizmente, porém, não havia alternativa, naquele momento, porquanto a gestação instalada a cada instante mais se tornaria evidente e culminaria no parto, seguido, de imediato, pelo escândalo quase inevitável, caso fosse conhecida a sua paternidade.

Deixou que a cólera o acometesse e, mal-humorado, levantou-se para a higiene e o enfrentamento do dia de trabalho, que lhe pareceu terrivelmente angustiante.

Por sua vez, a jovem despertou vitimada pela tristeza, com poucas recordações do que houvera acontecido durante a madrugada. Lembrava-se, apenas, de que fora repudiada e ameaçada, o que lhe constringia a alma.

Tentou orar, não conseguindo, porém, a concentração necessária para o sublime cometimento.

O Espírito em processo de renascimento recebia as sucessivas ondas vibratórias de ira e ressentimento do genitor, e apresentava dificuldades respiratórias, inquietação e algum desespero.

Em razão daquelas ocorrências estarem sob a inspiração de Entidades perversas, pertencentes à organização *anticristo*, com facilidade um dos seus membros acercou-se da jovem aturdida e pôs-se a inspirar-lhe mágoa, anseios de vingança, caso o amante viesse a negar responsabilidade direta pela sua gestação.

Um característico mal-estar passou a dominá-la, vivenciando um dia de grandes dificuldades.

Aguardou a noite, quando deveria voltar ao Centro Espírita, como era o hábito, desde que se iniciara nos estudos e participava das atividades doutrinárias.

Sob a pressão mental do inimigo desencarnado e o desespero do filhinho em processo reencarnatório, experimentou ansiedade e revolta, perturbando-se profundamente.

À noite, como de costume, houve a reunião doutrinária, presidida pelo Sr. Eduardo, que abordou o tema evangélico, no qual esclarecia o ensinamento de Jesus a respeito do serviço a dois senhores: a Deus e a Mamon.

Visivelmente desconectado com a fonte de inspiração, as suas palavras perderam o brilho, concluindo-as logo que achou prudente, tal a desarmonia interior que o dominava.

Houve o atendimento habitual e, logo depois, chamou a jovem a uma sala especial, onde não poucas vezes mantivera os sórdidos encontros amorosos, e procurou informar-se do seu estado orgânico.

Aflita, a jovem desatou a chorar, na expectativa de receber alguma carícia em forma de consolação, o que não ocorreu, porque o companheiro estava igualmente telementalizado por adversário soez que lhe comandara a mente durante todo o dia. Logo depois, ela explicou a situação em que se encontrava ante o teste positivo de gestação, cujo resultado já lhe informara anteriormente.

Após um silêncio pesado, o insensato, suarento e com a voz dura, propôs:

— *Essa criança não poderá nascer...*

— *Está sugerindo-me o aborto?* — indagou Iracema, surpresa.

— *Sim, certamente. Não se trata realmente de um aborto, porque o ser em formação ainda não tem expressão nem significado. É um princípio de vida em construção. Eu não posso assumir a responsabilidade, destruindo o meu lar, desmoralizando-me em nossa sociedade, para logo sucumbir ao peso do ridículo e das perversidades existentes nas criaturas humanas.*

Por considerarmos a gravidade do diálogo, fizemo-nos presentes, acompanhados também pelo irmão Elvídio.

— *O aborto, porém, como ambos sabemos, é crime hediondo* — ripostou a jovem, em estado de cólera.

— *Seja o que for, não há outra solução...*

Ela levantou-se. Estava transfigurada e possessa. Olhou-o com fúria e alterou a voz, respondendo:

— *Você traiu-me a inocência, roubou-me a pureza de menina-mulher, seduziu-me com mentiras e alegações ditas espirituais, infames... Ante as consequências do seu ato indigno, deseja destruir-me, empurrando-me para o abortamento, a fim de que a sua dignidade – qual dignidade? – seja preservada? Agora você tem família e um nome para zelar perante os membros desta Instituição? Por que não pensou antes? Eu tenho metade da sua idade e inditosa, qual cordeiro confiante, entreguei-me ao lobo voraz que me quer consumir completamente. Fique, pois, sabendo, que nunca abortarei e se for constrangida, maltratada por você, suicido-me... não sem deixar uma carta explicativa sobre as razões do meu ato. Você não escapará do meu ódio, covarde!*

Estava pálida e trêmula, totalmente incorporada pelo desafiador adversário do bem.

Antes que ele pudesse sair do assombro, ela prosseguiu, agora com a voz rouquenha, indicando a possessão de que se vitimava:

— *Onde está o seu Jesus, o manso Cordeiro de Deus?* – e estrugiu ruidosa gargalhada.

Completamente aturdido, ele segurou-a pelos pulsos, igualmente dementado pelo medo e pelo estupor, dando-lhe uma bofetada na face e gritando: – Desperte!

A seguir, reconhecendo que estava diante de um quadro, que era um surto obsessivo, empertigou-se e determinou, enquanto a segurava:

— *Em nome de Jesus Cristo, saia dela, Espírito das Trevas!*

— *Se eu sou das Trevas* – revidou a obsessa –, *que luz possui você, criminoso odiento e covarde, usando o nome do Cordeiro para expulsar-me! Com qual autoridade o faz? Eu a levarei à morte, assim como ao filho que você renega... E começou a gritar.*

Armava-se o cenário para o escândalo de outra natureza.

O benfeitor direcionou o olhar ao nosso irmão Germano, que se acercou da jovem alucinada e com habilidade pôs-se a aplicar-lhe a bioenergia, enquanto mentalmente interrompia o fluxo das energias infelizes do obsessor, enfraquecendo-o, a ponto de ela silenciar e, ato contínuo, ser tomada por um vágado, sendo por ele sustentada.

Concomitantemente, o mentor aplicou-lhe idênticas energias, expulsando o algoz desencarnado, de modo que o silêncio invadiu o recinto.

Do lado de fora, algumas pessoas escutaram a altercação e aproximaram-se do recinto que, felizmente, estava trancado por dentro, e ante o silêncio que se fez, afastaram-se, intrigadas.

Naquele grave momento, o benfeitor envolveu o irresponsável e pôs-se a inspirar-lhe calma e confiança irrestrita em Deus. Não se resolvem questões difíceis aumentando-lhes a gravidade, mas diluindo-as.

Ainda confuso, porém, sob a indução generosa do médico dos infelizes, agora em sintonia equilibrada, considerou:

— *Perdoe-me, querida. Jamais me ocorreu que isso viesse a acontecer comigo. Não posso negar que a sua presença em nossa Casa desde a primeira vez exerceu-me estranho fascínio afetivo. Não justifico o meu ato insano, mas desejo esclarecer melhor a razão deste momento infeliz que acabamos de vivenciar. Necessito de tempo para ver qual a melhor solução para o nosso comportamento futuro. Deveremos evitar qualquer tipo de escândalo, que levaria nossa Casa ao tribunal do ridículo, ao descrédito, sendo um santuário digno e elevado que eu venho maculando com a minha conduta sórdida. Pensarei em uma maneira de afastar-me da diretoria por falta de conduta moral e espiritual para o cargo...*

Fez uma pausa angustiante, e logo prosseguiu:

— O meu casamento já descambou para a área dos atritos há algum tempo, mesmo antes de você aparecer no meu caminho. Esposa e filhos conhecem-me a conduta inditosa e ela, não poucas vezes, tem-me reprochado, no que termina em altercação, qual ocorreu conosco. Já me havia proposto o divórcio, mas presunçoso e cômodo, preferi a situação do relacionamento falso e sem compensação afetiva. Agora, quando as circunstâncias exigem definição, pedirei ao Senhor que me conduza com elevação nos próximos passos a dar.

E sinceramente emocionado, segurando-lhe as mãos com ternura, suplicou:

— Dê-me tempo, embora a urgência da problemática. Aguarde os futuros acontecimentos.

Havia lágrimas nos olhos, na condição de linfa pura para lavar as imperfeições, tardiamente, é certo, mas a tempo ainda de impedir novos transtornos que prejudicariam a respeitabilidade da sociedade de amor e de iluminação.

Beneficiados pelas energias superiores que então envolviam toda a sala, os dois despediram-se sob a promessa de um novo e cuidadoso encontro para definição dos rumos em direção do futuro.

Ao amanhecer do novo dia, às primeiras horas, estava programada uma reunião mediúnica para atender aos Espíritos obsessores que estavam encarregados de se utilizarem daqueles irmãos invigilantes para desmoralizarem o bom nome do trabalho espírita.

Suave claridade permaneceu no recinto e, ao chegarmos à sala das reuniões públicas, fascículos de luz bailavam no ar, enquanto podíamos ver uma especial luminosidade que se exteriorizava do edifício na direção da Espiritualidade. Algo surpreso, ia indagar ao amigo Elvídio, quando, gentil, ele acercou-se-me e esclareceu-me:

— *Amigo Miranda, o Centro Espírita é santuário de bênçãos, onde os aflitos recebem o pão da paz e da coragem mediante a oração que dirigem aos Céus. Todos os esforços empreendidos, como sabemos, estão assinalados pelo amor, que é a chancela de Jesus Cristo em nossa Doutrina, produzindo sucessivas ondas luminosas que ascendem na direção do infinito para encontrarem sincronização com as Esferas abençoadas que velam pelos labores espirituais realizados na Terra.*

Esse facho de luz também nos defende das agressões mais sórdidas dos Espíritos trevosos que têm dificuldade em vencer a barreira luminosa sobrecarregada de fótons e sinalizam a existência do bem em ação para os trabalhadores da seara do Senhor já desencarnados, para buscarem pouso e abrigo durante as suas incursões pelo planeta.

Jesus asseverou que Ele é a Luz do mundo *e que todos aqueles que O amam, jamais andarão em trevas. Ao buscá-lO com frequência e banhar-nos pela Sua luminescência, terminamos por transformar-nos também em focos diamantinos, embora a nossa pequenez. As orações em conjunto em qualquer lugar transformam-se em claridades soberanas.*

Estava deslumbrado. É claro que eu imaginava ser assim, mas ter a oportunidade de constatar a beleza do intercâmbio de vibrações entre a humana pequenez e a grandeza do Amor constituiu-me alegria inefável.

Naquele momento, nosso irmão Virgílio veio comunicar-me que o benfeitor já se encontrava no recinto em que se daria a reunião mediúnica e necessitava de todos nós a partir daquele momento.

Retornando à sala mediúnica, lá estavam os demais membros de nossa equipe, nosso nobre irmão Elvídio e vários membros reencarnados da Sociedade Espírita que nos hospedava.

À mesa, sob a presidência do nosso mentor, encontravam-se dois médiuns, suavemente nimbados de peculiar claridade, em razão de se encontrarem em prece, perfeitamente sintonizados com os labores que seriam realizados.

Observando a minha agradável surpresa, o diretor Elvídio, gentilmente explicou-nos o que estava projetado, aclarando nossas silenciosas interrogações em torno dos dois médiuns.

— *Tratava-se de servidores treinados para o mister da desobsessão, portadores de excelente folha de serviços ao bem.*

O mais jovem, Rafael, estava com aproximadamente quarenta anos, enquanto a Sra. Márcia ultrapassara os sessenta janeiros.

Rafael era solteiro, e, desde cedo, fora atraído ao Espiritismo ao qual se vinculava desde antes do berço. Era espírita por segunda vez, porquanto na existência imediatamente anterior vivera no Rio de Janeiro, onde participara de atividades doutrinárias em veneranda instituição vinculada à Doutrina, por volta do início do século XX. Em face dos comportamentos infelizes em outras existências, experimentava tormentosas perturbações na área sexual, havendo sofrido o resultado dos excessos, tornando-se vítima de Espíritos infelizes que enxameiam em toda parte e o exploravam impiedosamente.

Desencarnou com alguns títulos de enobrecimento, mas também muito comprometido com a sensualidade que lhe causara prejuízos orgânicos, emocionais e espirituais.

Ao despertar no Mais-além, dando-se conta dos desmandos que se causara, dedicou-se à reabilitação em nossa Colônia e conseguiu, graças aos esforços pessoais e à interferência da então genitora, volver ao proscênio terrestre, a fim de disciplinar-se e triunfar sobre as paixões mais primitivas.

Com esforço hercúleo, atravessou a quadra juvenil sustentado nas lições hauridas no grupo de moços ao qual se afeiçoou, aprendendo a canalizar as energias saudáveis do sexo em atividades iluminativas. Agora, quando se encontrava em pleno e consciente amadurecimento, tem resistido às incursões dos antigos inimigos, que se utilizam de pessoas insensatas para atirá-las nos seus braços, em tentativas, até então inúteis, de perturbar-lhe o esforço libertador. Incompreendido por alguns amigos, que mourejam na instituição, percebe-lhes a suspeita quanto à sua masculinidade, porque num contexto de corrupção a saúde moral é tida como desequilíbrio de qualquer natureza. Mantendo-se superior às maledicências e afável com todos, tem atraído grande número de simpatizantes de ambas as faixas da vida, e tornou-se excelente canal mediúnico para o mister socorrista aos irmãos mais desditosos, esses que se negam reconhecer a grandeza de Jesus.

Observei o caro Rafael, que se encontrava quase em desdobramento parcial, nimbado por suave luz que lhe saía do plexo solar confundindo-se com as emanações dos chacras coronário e cerebral, demonstrando a profunda concentração em que se encontrava. Venerável Espírito feminino envolvia-o em ternura e depreendi tratar-se da genitora do passado.

Após o breve silêncio, o benfeitor prosseguiu:

– *Nossa irmã, a querida Márcia, é viúva que atravessou o calvário do matrimônio de prova, com elevação, durante mais de trinta anos. O esposo, temperamental e ciumento, crucificava-a desde os primeiros dias do casamento. Não havendo sido mãe biológica, ele a culpava pela infertilidade, atormentando-a sem cessar. Foi nesse período de padecimentos que, conduzida por uma vizinha generosa, adentrou-se pela primeira vez neste santuário em busca de paz. Carinhosamente atendida, passou a iluminar-se com as leituras e reflexões, as palestras e a convivência com a Doutrina Espírita, adquirindo resistência e entendimento em torno das Soberanas Leis da Vida, suportando o peso da cruz com estoicismo até o momento final, em que o marido, insensato e teleguiado por Espíritos perversos, desceu ao túmulo, onde ainda se encontra em lamentável estado de perturbação.*

Mais de uma vez, veio trazido ao esclarecimento por seu intermédio, apresentando alguma melhora na atualidade, com vistas a futura reencarnação redentora.

Abnegada e discreta, auxilia no atendimento aos irmãos desafortunados em dolorosa situação socioeconômica, distribui com outras damas cestas básicas e consolo, aplica-lhes passes e doa-lhes palavras de luz e de ternura com gestos de afabilidade e de doçura.

Excelente médium sonâmbula, tem-nos auxiliado no atendimento aos irmãos mais violentos, sob excelente controle que sabe impor aos comunicantes.

Novamente silenciou, logo adindo:

– *Mediunidade com Jesus é calvário de redenção. Ninguém atinge as cumeadas do mediumato sem as condecorações dos sofrimentos bem suportados. Imaginam os irrefletidos e in-*

conscientes que a mediunidade é uma concessão para o destaque na sociedade, para o brilho nas reuniões de futilidades, para revelações inconsequentes ou para remendar corpos ultrajados que voltam a degenerar... Que ledo engano! A mediunidade é ponte entre as diferentes vibrações que envolvem o planeta e que se pode transformar em luz sublimada quando totalmente dedicada ao bem sem limite.

Médium sem sacrifício, por mais brilhante que se apresente, é como orquídea de lindo aspecto, mas que somente adorna, sendo quase inútil. Indispensável que a sua faculdade esteja a serviço dos objetivos elevados da caridade e do amor, da iluminação de consciências e de consolo aos corações, sob a égide de Jesus. Por essa razão, a defecção de portadores de belas expressões mediúnicas, açodados pelos inimigos do bem, seus adversários pessoais e do Cristo, transformam-se em astros e atores dos espetáculos terrestres com lamentáveis consequências para eles mesmos.

Nesse momento, trazida por amigos trabalhadores da Casa, adentraram com a jovem Iracema ainda adormecida, mas com serenidade, o mesmo acontecendo com o irmão Eduardo.

Após serem despertados, reconheceram-se e sorriram com espontaneidade.

Havia, sim, um vínculo espiritual entre os dois. Olhei o irmão Elvídio, que, percebendo a minha muda interrogação, veio-me em socorro, esclarecendo:

– *Não existem acasos. Muitos encontros na Terra são reencontros programados antes do berço, a fim de que sejam regularizados dramas e problemas que ficaram sem solução no seu tempo. Ocorre que os impulsos primitivos substituem as resistências morais e mais complicam o quadro.*

Nossa irmã Iracema foi responsável pelo insucesso conjugal do atual companheiro, que naufragou lamentavelmente nas águas turvas das paixões quase asselvajadas. A sua atual esposa, é-lhe devotada companheira por segunda vez, novamente vítima da leviandade de ambos... Espírito nobre, tem resistido, encontrando-se disposta à separação, desde que reconhece a existência de outra parceira dominando o campo emocional do marido.

Na atual jornada, Iracema deveria ser recebida como filha pelo coração de Eduardo, sublimando o sentimento apaixonado de antes. Com a mente aturdida pelos conflitos mantidos durante a juventude, não soube ele separar o amor verdadeiro do desejo e logo se envolveu emocionalmente, quando da visita em que a jovem como paciente veio ao Núcleo em busca de socorro. A precipitação e a vulgaridade respondem pelas consequências que conhecemos.

Aproveitando-se dessas brechas morais, os adversários espirituais do Cristo vêm utilizando-os com objetivos perversos e destrutivos, conforme temos observado.

Passemos, agora, às atividades programadas.

Com os enfermos espirituais igualmente na sala sob assistência carinhosa de enfermeiros do nosso plano, Dr. Bezerra exorou ao Pai misericórdia, numa sentida oração.

A movimentação no ambiente era cuidadosa, embora a presença de alguns Espíritos infelizes, especialmente conduzidos ao recinto, a fim de beneficiar-se das vibrações reinantes e das orientações àqueles que seriam conduzidos à psicofonia atormentada.

O médium Rafael foi o primeiro a facultar a comunicação de uma Entidade de mau aspecto que, atraída pelas suas energias, após algumas expressões blasfemas, interrogou:

— *Qual a razão da violência a que sou submetido? Se assim se comportam os discípulos do Cordeiro maldito, que esperam de nós outros que temos a missão de restabelecer os gloriosos dias inquisitoriais do passado? A traição de que sou vítima não passará ignorada pelos nossos chefes que envidarão todos os esforços para libertar-me da cilada a que fui conduzido...*

Com voz mansa e enérgica, o venerável amigo dos infelizes respondeu:

— *Não existe nenhuma violência em nosso ato, porque o irmão e amigo aqui se encontra por espontânea vontade, já que tem estado presente nesta Instituição e ao lado do seu presidente, influenciando-o perversamente. Nosso comportamento é feito de compaixão em seu favor, porque aqueles tormentosos dias medievais jamais retornarão. A Terra vive novo contexto de ciência e de tecnologia, de ética e de direitos humanos e nem sequer de longe poderá retroceder nas conquistas que lhe assinalam gloriosamente os dias. É certo que não tem havido um correspondente desenvolvimento moral das criaturas, como é o caso do querido visitante que se aferra aos instintos, a fim de continuar usufruindo as energias deletérias dos encarnados invigilantes, que lhes servem de nutrição. Confessamos que estamos desejosos que os seus chefes venham ter conosco, a fim de demonstrarmos que somos todos irmãos em Cristo e nos rendermos juntos ao Seu Amor...*

— *Deve ser ironia* – ripostou o comunicante –, *pois que estamos no campo de batalha em lados opostos. Comprazemo-nos, sim, em instaurar o reinado do terror, porque é disso que a sociedade necessita, porque se compraz na baderna, no gozo embriagador, como se o corpo vivesse para sempre... E depois do túmulo, eis-nos esperando os idiotas que nos favorecem com a nossa assistência, a fim de desfrutar, e duvido que desejem libertar-se, aumentando o número dos nossos servidores hipnotizados e dependentes...*

— *Não ignoramos que o seu argumento, embora falso, tem alguma lógica, se considerarmos a loucura que toma conta da sociedade por invigilância, incluindo os religiosos que são inspirados à crueldade pelas mesmas forças do mal a que o amigo se vincula. Nada obstante, há uma renovação que paira na psicosfera do planeta abençoado neste momento de mudança evolutiva, contra a qual muitos nas Trevas se opõem, como o seu e outros sofridos exemplos.*

Mas o que nos preocupa neste momento, é a sua sanha contra esta Casa de amor dedicada à construção da fraternidade terrestre com especialidade no atendimento à dor...

— *Hipócrita!* — reagiu o indigitado. — *Você não ignora que somente agimos quando encontramos reciprocidade mental e afinidade emocional. Acercamo-nos daqueles que se comprazem com as nossas energias e nossas propostas de prazer alucinante. Vejamos o caso do meu parceiro Eduardo, que dirige a Instituição. Como é o seu comportamento? Pusilânime, pregando amor e caridade, enquanto subtrai a confiança de moças frívolas e senhoras perturbadas que lhe buscam a palavra de conforto. Ele se utiliza da posição que desfruta e da situação de divulgador do bem, para o próprio bem que é a depravação. Não lhe impomos nada, pois que o seu território mental está dominado pelos pensamentos servis que nos agradam. A nossa tarefa é mínima, somente aumentando-lhe a volúpia e fruindo, através dele, os favores do prazer que a morte nos interrompeu com a dissolução do corpo.*

Nominalmente referido, o Sr. Eduardo experimentou um grande choque, ao constatar como se vinha comportando em total esquecimento dos valores éticos, morais e espirituais, permitindo-se a corrupção profunda dos sentimentos, agora depravados. Lágrimas quentes explodiram pelos olhos arregalados de espanto. Nunca havia imaginado que a sua conduta infeliz era razão de motejo e de vampirismo por parte de desencarnados ignorantes e exploradores. Estava a ponto de gritar de desespero, quando, a um olhar do mentor dirigido ao irmão Germano, este acercou-se-lhe e com palavras amigas buscou tranquilizá-lo, ao tempo em que lhe aplicava energias que dispersava as condensações mentais horrendas, acalmando-o a pouco e pouco.

Iracema, também surpreendida, não pôde esconder as emoções que brotavam da alma pelos olhos umedecidos pelas lágrimas.

– *A roupagem física* – elucidou Dr. Bezerra ao obsessor – *é um escafandro que pesa muito na esfera do Espírito, bloqueia-lhe o discernimento e através do perispírito experimenta a urdidura das ações pretéritas nas quais se comprometeu. O mesmo, porém, ocorre no que diz respeito ao bem, quando os arquivos do inconsciente estão sobrecarregados de lições de amor, sacrifício e nobreza. Graças ao conhecimento do Espiritismo, o ser humano, na atualidade, pode retificar a conduta enfermiça do passado, recorrendo aos bons pensamentos, à edificação interior, e mesmo quando novamente se equivoca, persevera nos propósitos de autorrenovação. O esquecimento do passado constitui-lhe uma bênção por apagar da memória as lembranças mais dolorosas, por diminuir as ânsias dos vícios que repontam como tendências e, ao munir-se dos valiosos tesouros da oração e do arrependimento pelo mal praticado, levantar-se e avançar pelas trilhas do serviço renovador.*

O amigo ainda se compraz na perturbação de si mesmo que aos outros transmite, por não haver fruído, como neste momento, de vibrações apaziguadoras que haure na comunicação através do instrumento humano de que se utiliza. Mesmo que as minhas palavras não encontrem ressonância na sua mente hipnotizada pelas forças malignas, experimenta com certeza alguma sensação de paz, defluente dos fluidos do médium saudável e compassivo.

Quando Jesus nos indicou a oração pelo próximo, especialmente pelos inimigos, Ele sabia que essa psicoterapia faz-se acompanhar das emanações mentais e físicas do orante que envolve o outro em dúlcida vibração de misericórdia e de amor, com forças para diluir as ondas de ódio, de ressentimento e de autoamargura que tornam infeliz o perseguidor.

Existem razões propiciatórias e que explicam o desequilíbrio da conduta do nosso Eduardo, mas que lhe não cabe o direito ou dever de cobrar, porque ninguém se exime à presença das Soberanas Leis de Justiça estabelecidas pelo Senhor da Vida.

– No entanto – ripostou o indigitado *–, eu e outros que aqui estamos sediados temos recomendações e motivos para fazer desmoronar o edifício espiritual que foi erguido em nome d'Aquele que no passado destruiu-nos a existência através dos seus corifeus hediondos e criminosos. Não lhe é estranha, com certeza, a minha informação, porquanto reconheço os valores que o exornam. Apesar disso, estamos a serviço da nossa organização que visa a justiçar os criminosos e restabelecer na Terra a doutrina que se imporá um dia como a verdadeira. Shalon!*

O benfeitor, sem preocupar-se com as referências, esclareceu:

– Não lhe soa estranha a palavra Paz *neste diálogo e nos propósitos acalentados de combate infeliz? Como será possível enunciá-la sob o aplauso da violência, do terrorismo,*

da perseguição? O amigo e os seus correligionários pretendem a destruição deste Núcleo de amor e de iluminação, olvidando-se que o Senhor Jesus, que administra o planeta, está no comando? Inútil qualquer tentativa deste gênero, porque os Seus exércitos são como as estrelas do céu, que descerão à Terra e a iluminarão, trocando o gládio pela cruz, o incêndio destrutivo pela garoa que refrescará o solo para a plantação do amor. Ele, ademais, não deseja a morte do pecador, mas, sim, a do pecado, *e ergue-o à redenção.*

O mal que lhe fizeram e a muitos outros não foi por inspiração de Jesus, mas, sim, pelos interesses vis daqueles que se diziam Seus discípulos, o mesmo que ocorreu entre os fariseus e os membros do Sinédrio quando se levantaram contra Ele e somente se tranquilizaram quando o colocaram na cruz de vergonha, que Ele santificou com o Seu sangue e a Sua morte, a todos perdoando. Ainda hoje, muitos d'Ele se utilizam para zurzir o látego, cometer crimes, enriquecer enquanto os pobres enlouquecem de dor nos antros que os acolhem. Porém, de igual maneira, a sua e a luta dos seus pares não encontram ressonância na tradição que se propõe a unir todas as tribos de Israel e guiar os gentios... Será por esse meio e modo que tal se dará? O crime pode servir de instrumento para a ordem e o equilíbrio?

O filhinho da nossa irmã Iracema e de Eduardo, embora as circunstâncias adversas, renascerá na carne, a fim de auxiliar os pais, hoje em aflição, a encontrar solução para os desafios existenciais, e a sua como a interferência de outros irmãos infelizes será de efeitos nulos.

Aproveite este momento para conhecer Jesus, vendo-Lhe o reflexo nas milhares de pessoas que aqui aportam buscando amparo e conforto, orientação e forças para os enfrentamentos contra as próprias paixões e as atrações do mal. Sabemos que o irmão é gentil e tem sentimentos nobres, no momento sob pressão vergonhosa que lhe foi imposta pelos inimigos da Humanidade, do amor e do progresso.

Enquanto falava, sem que o opositor reagisse contra, o amigo Germano aplicava-lhe passes, retirava as pesadas energias que o vitimavam num envenenamento demorado, assim lhe facultando experimentar algum bem-estar, que o desencarcerava do prazer do ódio.

Nesse momento, Dr. Bezerra, com a vibração de amor e de compaixão que envolvia o opositor, concluiu:

— *Desencarcere-se do mal, pois que há outros comportamentos felizes, respire o ar da alegria e da paz, conceda àquele que tem por inimigo o direito e a oportunidade de reabilitar-se, de resgatar os próprios erros sem piorar-lhe a situação. Confie em Jesus que nos aguarda até hoje, sem qualquer queixa. Somos seus amigos e irmãos devotados. Após o nosso diálogo, convidamo-lo a permanecer conosco para receber o auxílio que lhe podemos dispensar e, sobretudo, para começar a ser feliz.*

Sob a ação bem coordenada do passista e as palavras finais do benfeitor, o indigitado perseguidor adormeceu e foi desligado do médium pelo irmão Elvídio.

Ato contínuo, observamos que dona Márcia, a veneranda médium, encontrava-se sob a ação de um Espírito tresvariado, que lhe produzia contorções angustiantes, transfigurando-lhe a face, que ficou deformada, com os olhos desmesuradamente abertos, enquanto escapava pelo canto da boca uma baba peçonhenta.

Tartamudeando, o comunicante, com alguma dificuldade a princípio, para logo se tornar loquaz, bradou, estentóreo:

— *Os feiticeiros que criaram a Santa Inquisição* — e rugiu como se fosse uma gargalhada de mofa — *agora entregam-se à necromancia, obrigando os mortos a atenderem aos seus caprichos. Antes colocavam nos túmulos a frase latina* Requiescat in pace (Repousa em paz) *e agora, atrevidamente, são os primeiros a perturbá-los com as suas evocações e injunções feiticistas, como se pudessem transitar pelas regiões de sombra do Além com o necessário conhecimento. Ou ignoram o que se passa conosco, os mortos que estamos vivos, ou pretendem reverter a ordem existente mediante as suas interveniências.*

Misturam-se os mergulhados no corpo físico com aqueles que dele se encontram despojados, para constranger-nos com a sua verborragia cansativa e inútil, vestindo-se de bons samaritanos da ridícula parábola do seu Mestre, acreditando-se capazes de deambular com segurança pelo nosso dédalo sem correrem os perigos que os aguardam.

Vamos, então, ao que mais interessa. Por que me evocaram? Que pretendem de mim?

Com a voz mansa e sem apresentar qualquer preocupação, exceto o interesse do bem, o mentor Elvídio o atendeu, a um olhar do benfeitor, esclarecendo:

— *O caro amigo está perfeitamente consciente do que se passa neste momento. Esta é uma Casa que se dedica à comunicação com o denominado Mundo invisível, onde a vida estua, de onde viemos e para onde todos retornaremos, pois que a* Casa do Pai tem muitas moradas, *sendo essa a legítima e inevitável.*

Sabemos, sim, dos riscos que dizem respeito a qualquer incursão nesses labirintos, especialmente aqueles que sediam a impiedade e a loucura, que souberam edificar reinos quiméricos de sofrimentos que aparvalham, esquecidos que acima das suas realizações está o Sublime Guia e Arquiteto do planeta terrestre, Jesus Cristo!

Também nos cabe o dever de esclarecer que não exercemos a necromancia ou qualquer prática censurável como a das evocações levianas, porque o amigo aqui está por espontânea vontade, ou, talvez, sob ordens de algum sicário que o escraviza às suas paixões torpes.

É provável que alguns de nós tenhamos mourejado na funesta Inquisição, filha hedionda das nossas paixões nos dias já remotos do passado, confundindo as lições de amor com as misérias transitórias do mundo, fascinados pelo enganoso poder, esquecidos da imortalidade na qual todos nos encontramos mergulhados. Hoje os nossos projetos e ações são muito diferentes, pois que, por fim, descobrimos o significado das lições incomparáveis do Evangelho, dedicando-nos a vivenciá-las e auxiliar aqueles aos quais afligimos a libertar-se do sentimento odiento que mantêm contra nós.

Surpreendentemente, o visitante permaneceu em silêncio escutando as explicações, porém, apresentando fácies deformada, quase lupina, os olhos miúdos e brilhantes, enquanto externava terríveis vibrações de ódio e desprezo.

No intervalo natural que se fez, explodiu, irônico:

– *Miseráveis, discípulos do Carpinteiro criminoso, cuja crucificação não foi suficiente para acabar com a Sua vida e Seus propósitos vergonhosos. Que pena não haver na época d'Ele melhores recursos para exterminá-lO! Inundou os tempos com a Sua Mensagem de compaixão e governou com Roma assassina, tornando o mundo um feudo de dominadores cruéis que não trepidaram em matar os herdeiros de Moisés e da Tradição judaica!*

Ambiciosos desalmados, utilizavam-se dos pérfidos argumentos de que havíamos assassinado o seu Deus, tornando o nosso nome execrado através dos tempos, enquanto se assenhoreavam do mundo, que de mentira combatiam. Culminaram a hediondez, aproveitando-se de vivermos apátridas, desde os anos 70 e 150, quando, por ocasião das diásporas, a nossa terra santa foi destruída e transformada em província pagã.

Hoje, no entanto, quando ensaiam o renascimento das ideias d'Ele, após o Seu fracasso ao longo dos tempos, pelas adulterações e crimes cometidos em Seu nome, pretendem dominar novamente a Terra, o que jamais permitiremos.

Cada foco, todo núcleo onde Ele se homizie, nós destruiremos, porque conhecemos os seus chefetes, que são os mesmos miseráveis doutrora que destruíram povos, que saquearam o Oriente e que aspiram às grandezas de um novo império romano, impossível de ser (re)edificado...

Conhecemos vocês de antes e sabemos o de que são capazes, mas nós também dispomos de armas de sedução, de intriga, de destruição, porque conhecemos os seus pontos vulneráveis, os seus calcanhares de Aquiles... e nenhum escapará das nossas hábeis manobras. Vejamos de início o que acontece aqui, onde a hipocrisia e os desmandos instalaram-se.

Interrompendo-o, o irmão Elvídio elucidou:

— *Reconhecemos que já transitamos por esses caminhos escabrosos, porém, trata-se de uma página virada que faz parte do nosso passado, à semelhança das pedras que se tornam alicerce dos edifícios de proteção, de socorro, de educação e das quais ninguém quase se recorda. Essas experiências que nos conduziram antes a condições penosas de resgate, são-nos hoje abençoadas lições para não repetirmos os mesmos ou outros erros.*

A Doutrina d'Ele, agora restaurada pelos imortais, reconfirmada por aqueles que, como o amigo, retornam para advertir-nos que somos responsáveis por tudo quanto fazemos, constitui-nos alimento para nutrir-nos a alma e luz para que não resvalemos na treva da ignorância.

Reconhecemos que fomos perversos e alucinados como agora se encontra o caro amigo, o que muito lamentamos, porém, vige em nós todos o interesse pela reabilitação, o desejo de haurir paz e o anelo de servir a Deus através do nosso próximo em aflição.

Ouvindo-o, é como se estivéssemos recapitulando as nossas pregressas existências, assinaladas pelas tormentas das paixões asselvajadas que o tempo e a dor suavizaram, propondo-nos mudança radical de comportamento.

As ameaças de destruição dos nossos centros de atividade não nos intimidam, porque temos como templo a Natureza e como altar para a devoção o próprio coração, qual aprendemos com Jesus.

– Os seus lamentos não me sensibilizam, porque conheço as técnicas dos farsantes que apelam para os sentimentos dos fracos, a fim de os conquistar e depois os trucidar. Recordo-me do que prometiam aos marranos e de como os tratavam e os destruíam depois, traidores como sempre foram.

Hoje formamos um exército de combatentes bem equipados para a batalha, considerando a nossa vantajosa posição fora do corpo. Estamos reunidos em um verdadeiro exército sob comando vigoroso, utilizando das técnicas modernas de sedução e interferência psicológica. Já não avançamos em bando desordenado, como outrora os godos, visigodos e ostrogodos fizeram e lograram conquistar os objetivos a que se propunham. Muitos de nós vivemos o período dos hunos em 376, depois invadimos

Roma, em 410, com Alarico (visigodo), por ocasião do inesquecível saque da chamada "cidade sagrada" e fraqueza moral dos cristãos que a dominavam, mudando completamente a política existente. Agora, muito mais experientes e conhecedores dos pontos nefrálgicos dos novos apóstolos – sorriu com terrível ironia –, desmantelaremos os seus novos mosteiros e castelos, porém, de dentro para fora.

O orgulho e a presunção, a sede de dominação que remanescem nos diversos chefetes das agremiações cristãs, especialmente aquelas que se dizem construídas sob as luzes do Consolador *– novamente estertorou com desprezo incomum –, não se manterão de pé, e o novo período da Humanidade será construído sob o temor a Deus, após os sacrifícios dos fiéis como antigamente nos circos. O poder de novas crenças dominará a Terra e todos se dobrarão sob a decisão, Moisés ou Jesus!*

Novo período de decadência arruinará a Terra e dos escombros a tradição hebraica retirará o Deus único e vitorioso através do Seu Messias divino, que concederá o mundo à Israel libertada e à nova Jerusalém dominadora!

O irmão Elvídio, discreto e impertérrito, calmamente redarguiu:

– O histórico apresentado demonstra-nos como são transitórias as glórias do mundo, porque tudo isso é passado e a realidade presente é outra, totalmente diversa. A Terra jamais voltará a ser governada por um povo, ou um déspota, ou um legendário guerreiro, mas, sim, por Jesus Cristo que aguarda pacientemente que nos entreguemos ao Seu Amor. Não mais as armas que destroem sobrepor-se-ão aos instrumentos de misericórdia e de compaixão que, conduzidos pelo amor, sobre os escombros aos quais o irmão aludiu, erguerá a Humanidade fraternal e solidária pela qual todos sonhamos.

No passado, São Bento ergueu os monastérios, retirando os anacoretas das grutas do deserto, para que pudessem meditar entre as suas paredes. Logo depois, percebeu que além das meditações eram necessárias as ações e, acompanhado por São Gregório, estabeleceu as regras da solidariedade e da caridade em favor dos infelizes, orientando as instituições que surgiram na Idade Média a seguirem o exemplo de Jesus, mediante a *frase:* Ora e labora, porque a preguiça é inimiga da alma. *O tempo e as circunstâncias infelizes das paixões humanas destruíram esse nobre patrimônio no começo do segundo milênio, mas Jesus enviou Francisco de Assis para que restabelecesse a necessidade do amor, e o* Irmão Sol de Assis *modificou novamente a Terra.*

Vieram os poderosos iludidos que criaram as Cruzadas, a Inquisição, reacenderam o autoritarismo criminoso, mataram e incendiaram o planeta, e quando tudo parecia sob o domínio do materialismo, o Consolador *veio ao mundo físico, para restabelecer a verdade. Não mais são as criaturas a realizarem a grande obra do amor, porém, os imortais despidos dos desejos do corpo, quais nós outro e o querido irmão, a fim de demonstrar a realidade da sobrevivência do Espírito e a transitoriedade da matéria e das suas nefandas conquistas.*

Tudo passa, certamente, e os tempos são outros, como o amigo afirma. Sem dúvida, Moisés terá o seu momento, qual ocorreu com outros líderes espirituais, à semelhança de Buda, Confúcio, Akhenaton e diversos, mas Jesus sempre esteve e se encontra acima deles, que são Seus embaixadores, sensibilizando os Espíritos até que se encontrem em completa identificação com a verdade e seja instaurado o Reino dos Céus nos corações, não de forma geográfica, como o caro irmão espera e defende.

Desse modo, não nos veja, pois, como aqueles personagens medievais responsáveis pelas calamidades que o afetaram e a muitíssimas vidas, recordando-se que também traz, conforme o declarou, as feridas em chagas abertas de crimes praticados em séculos anteriores, durante os períodos em que os bárbaros invadiram a Europa.

Agora compreendo o poder da Lei de Causa e Efeito... As vítimas inocentes que a Santa Inquisição assassinou eram nada mais nada menos do que os homicidas de séculos anteriores que devastaram a então civilização europeia e vieram resgatar os hediondos crimes, inclusive de salgarem o solo para que nada nele germinasse... Ninguém escapa impune de si mesmo das Leis Soberanas neles mesmos insculpidas.

É certo que o Pai de Misericórdia não necessita da interferência humana imperfeita e vingativa para reconduzir ao bem os infratores, pois que dispõe de mecanismos superiores mediante os quais todos se podem reabilitar. O livre-arbítrio enlouquecido, porém, das criaturas humanas prefere a justiça a seu modo e afunda-se nos abismos da loucura que as domina por longo tempo.

É hora, portanto, de ir para outro tipo de reflexões. O amigo reconhece haver pertencido às hordas alucinadas da destruição, tendo passado pelo processo de resgate doloroso que, em vez de o desarvorar, se bem compreendido, deveria servir de motivo de alegria, não buscando o estúpido desforço, reincidindo em gravames dos quais estaria libertado se houvesse entendido a lição recuperadora imposta pelo Criador.

As elucidações lógicas e apresentadas com alta dose de bondade, sem qualquer ressentimento por parte do expositor, de alguma forma sensibilizaram o rebelde, que se manteve em silêncio, escutando e reflexionando.

Antes, porém, que o angustiado Espírito pudesse expressar-se, dando prosseguimento à catilinária de reproches e propostas de vingança, o irmão Elvídio acentuou:

— *Qualquer tentativa de diálogo neste momento é improfícua, pois que sempre será derivada para as ideias fixadas demoradamente ao longo dos séculos... Em razão disso, iremos recorrer à terapêutica do sono tranquilizador para futuros cometimentos. Neste instante, as discussões, por mais claras e objetivas, redundarão inúteis.*

O amigo Germano acercou-se do médium e deu início à aplicação de fluidos anestesiantes, enquanto o mentor, com monotonia na voz, sugeria o adormecimento ao comunicante.

Transcorridos menos de dois minutos, o visitante espiritual repousava com algum ruído em profundo sono hipnótico.

Delicadamente desligado da abnegada médium, foi acomodado em maca especial para as futuras providências.

A hora havia avançado e chegara o momento de encerrar o cometimento valioso.

Dr. Bezerra, visivelmente emocionado, orou ao Senhor Jesus agradecendo-Lhe as bênçãos hauridas e suplicando misericórdia para aqueles Espíritos que se compraziam no mal, assim como para as criaturas humanas distraídas no corpo e distantes da sua realidade como Espíritos que são.

Um ar balsâmico e suavemente perfumado tomou conta do ambiente, enquanto flocos delicados de luz caíam sobre os presentes.

O amigo Eduardo, mergulhado nas suas preocupações, chorava copiosamente, apoiado pelo nosso Virgílio

Almeida, enquanto Iracema demonstrava aflição interna diante da conjuntura em que se encontrava.

Ambos foram reconduzidos ao lar, o mesmo ocorrendo com os médiuns que foram utilizados no formoso labor socorrista.

A noite coroada de estrelas, que pareciam lâmpadas mágicas balouçantes do firmamento, avançava no rumo da madrugada.

6
RESTABELECENDO A DIGNIDADE

Ao despertar na manhã ensolarada, o Sr. Eduardo encontrava-se aturdido e recordava-se parcialmente do sonho revelador. Alternavam-se-lhe no íntimo bem e mal-estar, estranhas sensações defluentes do conflito que se lhe instalara, como resultado da insensatez de comportamento.

Após meditar alguns minutos, em tentativa de encontrar uma linha direcional de raciocínio, recordou-se do beneplácito da oração e mergulhou o pensamento no abençoado recurso, que lhe proporcionou harmonia íntima.

Acercando-se-lhe, o mentor Elvídio inspirou-o a decisões inadiáveis, de modo a libertar-se da constrição obsessiva de que se tornara vítima.

Reconhecia o abismo de natureza moral ao qual se atirara voluntariamente, captou a ideia de reunir a diretoria da Instituição com o objetivo de afastar-se da presidência e, ato contínuo, manter uma conversação demorada e digna com a esposa, de quem se encontrava separado no lar, mantendo apenas as aparências do relacionamento conjugal, porém, sem comunhão afetiva. Pensou nos filhos adultos e comoveu-se, reconhecendo a forma promíscua a que entregara a conduta. O orvalho das lágrimas lavou-lhe as imperfeições, e, livre da injunção obsessiva, com a mente clara e os sentimentos lúcidos, recuperou-se e experimentou peculiar sensação de alívio, a que já se desacostumara.

De imediato, passou às providências diárias até a noite, quando solicitou uma reunião com os demais diretores da nobre Casa de Amor, no que foi atendido com gentileza por todos. É certo que alguns membros estavam desgostosos com a sua conduta, embora ignorassem os acontecimentos na sua triste realidade.

Após fervorosa oração em que suplicava a ajuda divina, sem mais delongas, solicitou uma licença da administração do Núcleo, justificando problemas íntimos de certa gravidade, comprometendo-se a continuar militando nos labores, porém, sem constituir-se *pedra de escândalo*.

Afirmava-se incapaz de permanecer na direção do abençoado instituto de iluminação, e considerou que ele próprio se encontrava necessitado de redirecionamento pessoal e espiritual. Evitou entrar em detalhes, aliás, desnecessários. Logo após, informou gentilmente aos companheiros a sua disposição de divórcio com a esposa, que já não o suportava, mantendo-se livre para futuros compromissos que pretendia assumir.

Ao espanto inicial de alguns amigos, adveio a compreensão em torno da fragilidade humana, das interferências espirituais negativas que vinham observando presentes, o que gerava situações algo embaraçosas na comunidade que administravam. Embora advertidos pelos mentores quanto à necessidade da vigilância, como sempre acontece, pensava-se em perigos que viriam de fora quando a problemática mais séria era interna e através de quem mais deveria zelar pela conduta e pelo bom andamento das atividades cristãs, seguindo o modelo Jesus.

Houve momentos de grande emoção no trabalhador em despertamento e pedidos de desculpas como de perdão, a fim de que lhe não fosse negada a assistência fraternal e se evitassem comentários desnecessários em torno do acontecimento.

Por fim, esclareceu que desejava submeter-se a um especial tratamento pelos passes nas reuniões especializadas.

Ao terminar o encontro, foi apresentada a alternativa de sua substituição pelo 1º vice-presidente, elaborada a ata sucinta do acontecido, por todos logo firmada.

Parecia-lhe haver-se libertado de um pesado fardo que o esmagava intimamente, ao tempo em que a culpa que já o aturdia começou a diminuir a inclemência da sua cobrança.

No dia seguinte, domingo, reuniu a família, à tarde, para um lanche com a presença dos filhos e da esposa, expondo as dificuldades pessoais que vinha enfrentando desde há algum tempo e que necessitava da ajuda, da compreensão de todos, particularmente da esposa digna e fiel, que soubera manter-se em clima de nobreza mesmo percebendo as irregularidades graves do seu comportamento. Elucidou que já se encontravam separados no tálamo conjugal, desde há algum tempo, e que gostaria de conceder-lhe a liberdade através de um divórcio não litigioso, comprometendo-se a submeter-se a quaisquer exigências que lhe fossem apresentadas.

O impacto foi forte e os filhos umedeceram os olhos com lágrimas, porque embora sentissem as dificuldades dos pais, ignoravam a gravidade do relacionamento.

A senhora Etelvina, após a exposição do marido, também emocionada, aquiesceu, sem qualquer exigência, com a separação legal do vínculo que se rompera moralmente, lamentando a ocorrência que muito a entristecia.

A filha mais velha, já casada, que lhes dera dois lindos netinhos, em um impulso nobre, indagou:

— *Será que o divórcio é o melhor caminho para a harmonia do casal? Não haveria alternativa, um período de experiência em tentativa de recomeço...?*

Esse foi o momento mais doloroso, porque o genitor, emocionado e com a voz trêmula, confessou:

— *Não vejo como recomeçar... Tenho sido infiel ao meu lar; embora militando no Espiritismo, a minha conduta não condiz com os sublimes ensinamentos do Evangelho. Venho despertando para a realidade que me estava nublada por perturbações interiores e espirituais, e recentemente cheguei à conclusão da necessidade de mudar de conduta, redimindo-me, ainda em tempo, dos compromissos incorretos a que me tenho submetido. Espero o perdão de todos ao que agora irei expor:*

Irei ser pai — a voz embargada quase foi inaudível — *e não poderei abandonar a jovem a quem iludi e à criança que tem necessidade de nascer.*

Ante o silêncio natural que se fez entre lágrimas dos presentes, prosseguiu:

— *Ao ser informado pela mulher a quem me afeiçoei e que tem a idade da minha filha querida, cheguei ao dislate de exigir-lhe que abortasse a criança... Deveria estar louco, possesso ou com ambos transtornos, enquanto na tribuna espírita ensino que o abortamento é um crime hediondo. Não suporto mais tantos conflitos e estou procurando a redenção enquanto é tempo. Nenhum caminho existe para a reabilitação, exceto a verdade com todas as dores que advenham e decepções que provoque inicialmente. Sou o Lázaro moral em busca da saúde, correndo atrás de Jesus na pessoa dos meus filhos e da minha sofrida esposa. Jesus teve misericórdia de todos e, por certo, tê-la-á para comigo também, se os meus filhos e Etelvina forem capazes de me compreender, perdoar e mesmo que lhes pareça difícil o perdão, pelo menos desculpar-me pelas ações pérfidas que venho praticando...*

Não pôde continuar porque as lágrimas o embargaram. Era sincero o seu arrependimento.

Embora amparado pelo irmão Elvídio e com a nossa presença transmitindo-lhe coragem e valor moral, tratava-se de um momento muito grave e significativo.

Dona Etelvina foi a primeira a responder-lhe com muita emoção:

— *Desde que falhamos no relacionamento conjugal, mantenhamos a fraternidade, a amizade em homenagem aos dias bons que vivemos e em retribuição aos filhos que Deus nos concedeu para encaminhar-Lhe. Aceito a proposta de divórcio sem pressa nem exigência...*

Ato contínuo, os filhos abraçaram-no, compreensivos e doloridos.

Anoitecia... Não havendo mais nada a discutir, uma vez que os detalhes do divórcio e da reorganização da família já haviam sido solucionados, considerando que os filhos residiam nos seus próprios lares, o companheiro arrependido propôs:

— *Poderemos orar em agradecimento a Deus em favor da nossa união permanente e por ter-me dado forças para ser honesto com a minha amada e desrespeitada família.*

Como todos anuíssem, ele orou com unção, enquanto nós outros, os Espíritos presentes, aplicamos passes em todos e participamos da ação de graças dessa tarde inesquecível.

A psicosfera ambiental modificava-se ante a transformação pessoal do chefe do lar, facultando a visita de Espíritos amigos e familiares, que se encontravam com dificuldade em dar assistência ao casal, desde que os inimigos do bem haviam-se apossado das reservas morais do paciente.

Embora ficasse muito sofrida, a Sra. Etelvina sentia-se aliviada do imenso padecer interior, mantido em silêncio.

Propunha-se a continuar amiga do marido infeliz, de modo que o pudesse auxiliar no que se fizesse necessário. O seu amor era maior do que os limites da comunhão carnal. Espírita e frequentadora da Associação que ele dirigia, já não suportava acompanhar-lhe a maneira como se comportava em relação a outras senhoras e jovens, que buscava seduzir...

Transcorreram alguns dias, e, uma semana após o encontro conosco no Plano espiritual, o nosso amigo procurou a jovem Iracema, que se encontrava em profundo abatimento, como resultado das reminiscências que lhe ficaram da reunião de esclarecimento em que participara, e por saber que o amante não desejava aceitar o filhinho em formação no seu ventre.

Evitara, porém, um encontro pessoal porque não sentia as forças morais suficientes para um enfrentamento conforme ocorrera antes. Magoada e aturdida, mas, assistida pelo nosso amigo Germano Passos, a fim de evitar que tombasse nas malhas das Entidades frívolas e perversas que pululam em toda parte, aguardava encontrar a facilidade de sintonia.

Terminada a reunião doutrinária em que ambos se encontravam presentes, ele se lhe acercou e convidou-a a uma conversação demorada.

Sem relutância, a jovem aceitou o convite e foram à sua residência, pois que vivia a sós, responsável pela própria manutenção através do trabalho dignificante a que se entregava.

Ela notou a mudança de tratamento que lhe era oferecido pelo companheiro e ficou surpresa mesmo antes de o ouvir.

Quando chegaram ao modesto apartamento, que já era familiar ao visitante, depois de temas banais, coube ao arrependido cavalheiro explicar-lhe:

— *Estava haurindo energias para este momento que assinalará o início de novos rumos em nossa existência.*

Desde um sonho em que me vi envolvido por Entidades das sombras, e libertado pelos benfeitores espirituais, que algo me aconteceu em profundidade.

Aqui estou para reafirmar-lhe o meu amor e dedicação, inclusive assumindo a responsabilidade pelo nosso futuro filhinho que, em breve, teremos em nossos braços.

A jovem não podia acreditar que aquele ao seu lado era o mesmo homem que, não fazia muito, a induzira ao abortamento criminoso, mas antes de lhe fazer qualquer pergunta, ele sintetizou os acontecimentos dos últimos dias, desde o afastamento da diretoria da Instituição ao divórcio que propusera à esposa, à narrativa de todas as suas defecções aos filhos e à mulher.

Minudenciou as emoções que agora o dominavam e o sincero desejo de construir com ela, se o quisesse, um novo lar em bases de dignidade e afeição pura.

Muito comovida, a moça sentiu-se envolvida pelas vibrações da esperança e da alegria incontida.

Agradeceu-lhe a coragem e as propostas apresentadas, lamentando os prejuízos que aquele afeto entre ambos causara.

Sentiu-se apiedada por dona Etelvina, porque os filhos do casal já eram adultos e tinham a capacidade de entender os acontecimentos.

Antevendo-se amparada e sentindo a presença dos Espíritos amigos que ali nos encontrávamos, pediu-lhe que fosse feito um estudo do Evangelho de Jesus, a fim de coroar com bênçãos as emoções do momento.

Tomando de um exemplar de *O Evangelho segundo o Espiritismo*, de Allan Kardec, na pequena sala, arrumaram a mesinha do centro, colocaram uma jarra com água e, com toda a simplicidade da vida cristã, oraram juntos e abriram o livro da verdade, detendo-se na página *Obediência e resignação* que, portadora de diretrizes sábias para a construção da felicidade relativa a que se tem direito na Terra, renovaram o ânimo, equiparam-se da fé que transporta montanhas e da coragem para os inevitáveis enfrentamentos e cobranças a que seriam submetidos.

Os julgamentos das pessoas amigas são como terríveis armas de que se utilizam para exigir superior conduta do próximo, como se estivessem envergando a túnica nupcial da elevação e da falta de erros.

Por isso, a lição do Mestre, em relação à mulher surpreendida em adultério, é sempre atual e oportuna: – *Quem estiver isento de pecado (erro e culpa) que lhe atire a primeira pedra.*

Perturbações espirituais

No processo evolutivo de todos nós, sempre assinalamos os equívocos e os fascínios pelo erro, por estarmos impregnados dos velhos vícios que trazemos de reencarnações passadas.

Felizes são todos aqueles que reconhecem a própria vulnerabilidade e tentam ser melhores hoje do que ontem, que buscam superar as más inclinações e através dos mecanismos da austeridade e do bem proceder, vão-se libertando das chagas morais que infelicitam, com a coragem de subir aos alcantis dourados da vida para respirar o puro oxigênio do amor e da caridade.

O largo período referente ao trânsito do processo da evolução antropológica dos instintos à razão e desta à angelitude deixa marcas profundas em forma dos impulsos primários dominantes, que resistem bravamente aos esforços empreendidos para as percepções dos sentimentos superiores.

Os chamados *santos do deserto* do Cristianismo primitivo procuravam fugir do mundo, silenciar as vozes clamorosas das paixões internas, para que, na meditação, na frugalidade da alimentação, vencessem as *tentações da carne*, que ciliciavam com inclemência para exigir-lhe submissão. Mais tarde, ante o número imenso de anacoretas que fugiam para as grutas e regiões inóspitas, surgiram os mosteiros, verdadeiras fortalezas que os livravam da perturbação urbana e cada cela se transformava em caverna silenciosa...

Ignoravam, em sua ingenuidade, que o corpo reflete os impulsos, anseios e hábitos do Espírito que o habita, devendo ser trabalhados com amor e compaixão, embora com perseverança e austeridade. Ao invés de odiar-se o corpo, amá-lo e preservá-lo, mantendo as resistências morais que procedem da alma, a fim de criar os novos atos que se insculpirão no ádito do ser e que propiciarão a existência moralmente saudável.

O *temor a Deus* que era divulgado, só mais tarde seria transformado no *amor a Deus*, o Criador, que nos concede a misericórdia do Seu inefável benquerer, auxiliando-nos na difícil e necessária ascensão.

Santo Antão, São Paulo de Tebas, São Jerônimo e especialmente São Francisco de Assis perceberam essa realidade e alternaram a severidade com a matéria que era usual no seu tempo de vida com as sutilezas da ternura, da benevolência, da caridade, que é o amor na sua mais elevada expressão.

Ao Espiritismo coube a tarefa incomparável de inscrever a *caridade* como a única forma de conseguir-se a autoiluminação, de viver-se a existência plena em qualquer injunção da caminhada evolutiva.

Saímos da residência de Iracema com entusiasmo, pois que o primeiro tentame do nosso labor estava-se coroando de bênçãos.

7
PERSPICÁCIA DAS TREVAS

Nas áreas infelizes da Espiritualidade inferior em que habitavam as Entidades afeiçoadas ao mal, os chefetes dominadores perceberam a mudança que ora se apresentava na Instituição e, por extensão, em outras sociedades espíritas.

Era o despertar, um renascimento sob o comando superior dos emissários de Jesus, a fim de alterar-lhes as ocorrências lamentáveis que se vinham desdobrando generalizadamente.

Aquele período fazia recordar os dias turbulentos em que Santa Teresa de Ávila, saindo do convento da Encarnação sob a inspiração do Mestre, programou a grande reforma, que seriam as carmelitas descalças, libertando os monastérios da frivolidade e da hediondez que neles predominavam.

As religiosas, muitas das quais procedentes de famílias ricas, nobres e distintas, mantinham o comportamento profano, vulgar, sem a mudança interior exigível para o serviço de Jesus.

Eram preservados os vícios da sociedade sob disfarces de honradez. No entanto, no parlatório, a maledicência e a vida comum faziam parte da existência monacal, na qual servidoras humildes trabalhavam para as damas ricas, que se permitiam condutas reprocháveis e nada lhes era proibido, em razão das doações feitas pelas suas famílias, inclusive as suas heranças pessoais.

Santa Teresa, enferma por mais de vinte anos, considerada morta muitas vezes, logo retornando à sanidade física e mental, recebia do seu Senhor as instruções para a manutenção da honorabilidade e dedicação ao bem, à humildade, ao serviço de amor, à igualdade fraternal, resolvendo-se por segui-lO com alta fidelidade, substituindo a manutenção da aparência hipócrita e indigna que era permitida pela Igreja em terrível decadência moral.

Havia mais preocupação em acumular haveres, em dominação mundana do que em austeridade moral e retorno ao Evangelho em toda a sua pulcritude.

Desconsiderada, quase suspeita de heresia, ameaçada pela Inquisição, jamais temeu, escrevendo tudo quanto lhe ocorria, o que a transformou, no futuro, em pioneira da alta literatura espanhola.

De igual maneira, as sociedades espíritas, com as exceções compreensíveis graças aos sacrifícios e coragem de alguns servidores do bem, estavam sendo invadidas pela futilidade, arrogância, presunção e desrespeito às lições exaradas na Codificação, considerada em superação pelo momento presente, e os seus servidores tachados de ortodoxos, que deveriam ceder espaço para os esdrúxulos modernistas, à caça de glórias e de exibicionismo terreno. Muitos deles, portadores de conflitos graves, não conseguindo prestígio na sociedade em que participavam, buscavam no Movimento Espírita situações vantajosas, pela audácia, agressividade e desplantes na maneira de encarar a severidade dos prepostos de Jesus.

Inspirados por Espíritos vulgares e cruéis, adversários do bem e do progresso, davam campo a perturbações na seara, criando psicosferas pesadas em que as lutas pelo poder, pelo destaque, tornaram-se comuns, ao lado da maledicência e da calúnia, da irresponsabilidade e do desprezo às condutas cristãs semelhantes aos primeiros servidores de Jesus.

Lentamente dominados pelas mentes perversas, os companheiros presunçosos, olvidavam-se dos sérios compromissos com a Doutrina Espírita, e transformavam-se em servidores do mundo profano, qual ocorreu lentamente com o Cristianismo, após a ascensão de Constantino ao poder em 313.

Telecomandados por seres hábeis no manejo do pensamento humano e na maneira de interferir telepaticamente na conduta das pessoas, adotaram teses de aparência científica, mas sem nenhuma estrutura desse gênero, utilizando-se de nomes pomposos para os posicionamentos edificantes com denominações simples, mas que exigem conduta moral saudável e severa para com eles próprios, com ameaças à estrutura inquebrantável da Terceira Revelação, conforme o codificador e os missionários da primeira hora receberam do Alto e transferiram para a posteridade.

A seriedade das reuniões, que devem ter como foco a iluminação de consciências mediante os ensinamentos próprios e perfeitamente firmados nas lições de Jesus, cedeu lugar aos espetáculos de oratória vazia e artística, em lamentável imitação dos comunicadores dos veículos da televisão, tornando-se expositores assinalados pela competição de uns em relação aos outros, sem a simplicidade do conforto moral e da certeza da imortalidade, a fim de enxugarem as lágrimas dos *filhos do Calvário*.

O Espiritismo, embora a sua feição investigadora, que o torna uma ciência com sua própria metodologia, é o *Consolador* prometido por Jesus, que viria restaurar-Lhe os ensinamentos, porque estariam esquecidos, dizer verdades novas que, ao Seu tempo, não poderiam ser enunciadas em razão do atraso cultural da época, e ficaria para sempre em Seu nome.

Surgiram os campeonatos de exposição espírita, em que se fazia mais importante a forma do que o conteúdo, as teologias doutrinárias muito difíceis de ser assimiladas pelas pessoas de cultura modesta, mas de coração ralado pelo sofrimento, de seleção de auditórios pomposos, nos quais os pobres têm constrangimento de entrar, ou são discretamente barrados ao chegarem...

Habilmente, esses perturbadores espirituais, que conhecem as *más inclinações* que predominam em a natureza humana, identificadas pela Psicologia Analítica na condição de *sombra*, tornaram-se os direcionadores de muitas instituições que se foram afastando do modelo – a Casa do Caminho de Simão Pedro entre Jerusalém e Jope – ou das salas frequentadas por Allan Kardec, quando era convidado a explicar o Espiritismo e a sua finalidade libertadora de vidas...

É uma doutrina de cultura, de conhecimento e de educação, mas se buscou transformá-la em uma proposta acadêmica, somente acessível aos portadores de títulos universitários e defensores de querelas inúteis.

Perturbações espirituais

As páginas sublimes dos ensinamentos foram transformadas em técnicas de cursos que competem com os das universidades, retirou-se a espontaneidade do fenômeno e assinalou-o com grades de estudos que exaltam a personalidade e deixam à margem, no esquecimento, a simplicidade do amor que ajuda, que consola, que desce ao abismo da miséria humana, a fim de erguer aqueles que lhe tombaram em quedas espetaculares.

Alguns estabeleceram a desnecessidade das comunicações espirituais, o que deu lugar à tese de Espiritismo sem Espíritos, enquanto outros franquearam levianamente o acesso de pessoas sem condições morais para a participação, em lamentáveis espetáculos apresentados pela mediunidade atormentada, em que ditos mentores tornavam o fenômeno ridículo ou fútil...

A necessidade de união, pela unificação dos propósitos doutrinários, foi colocada à margem, em decorrência da presunção dos seus membros em se considerarem superiores aos demais, num terrível olvido da fraternidade, da caridade, da tolerância.

Simultaneamente, estabeleceram-se critérios de autoritarismos nas sociedades que deveriam ser acolhedoras e verdadeiramente cristãs, que evocassem as antigas catacumbas ou os redutos de apoio ao sofrimento dos párias espirituais de todos os tempos.

Os mentores vigilantes não tergiversaram e passaram a comunicar-se em quase todos os núcleos, com advertências para a revivescência da fé racional e fraterna, para a construção da família amorosa, que tem em Jesus o Guia e Modelo, ao mesmo tempo se referiam aos perigos da projeção do *ego*, das fanfarras disfarçadas em atividade doutrinária, das festas para angariação de fundos para a manutenção das obras, ao serem adotados métodos infelizes da sociedade decadente, que deveriam ser reformulados.

Espetáculos de má qualidade passaram a constituir meios de conseguir-se dinheiro para manter-se as obras sociais, com olvido da qualidade moral doutrinária, com libações alcoólicas, bailes e comportamentos de nível inferior, livros de conteúdos lamentáveis, mas ditos como psicografados com nomes venerandos que não correspondem à realidade, mas doados para auxiliar o trabalho do bem.

Foram esquecidos os princípios essenciais que preconizam, sem o dinheiro importante para o auxílio aos sofredores, sem lembrar-se de que Jesus não tinha uma pedra para repousar a cabeça e que Allan Kardec e os missionários do bem dispunham apenas do necessário para a existência honorável.

A futilidade foi ampliada e a palavra médium passou a aureolar pessoas portadoras de conhecimento, porém, sem histórico da faculdade, que se tornaram de um para outro momento famosas com as suas contribuições ditas oportunas, porém, triviais e repetitivas, sem as marcas da qualidade recomendada pela doutrina.

A perspicácia dos Espíritos das Trevas é muito maior do que imaginam os inadvertidos, pois que viveram na Terra e aprimoraram as suas técnicas de hipnose no Mais--além, nas furnas onde se homiziam, e rebeldes contra o Carpinteiro galileu, que dividiu a história da Humanidade pelo amor e pela compaixão misericordiosa, tornaram-se--Lhe, por esta ou aquela razão, se é que exista realmente qualquer motivo, inimigos insensíveis e apaixonados.

O Espiritismo é a Doutrina que Ele denominou e estabeleceu na Terra, para liberá-la das injunções penosas, apesar disso, esses ditos adversários organizaram-se para desarticulá-la, não mais de fora para dentro, através dos antigos inimigos sociais e econômicos, religiosos e preconceituosos, mas de maneira sutil e cruel, de dentro para fora, das suas comunidades que se desestruturam mediante as brigas internas, as disputas vergonhosas, as acusações recíprocas, os orgulhos feridos.

Oh! Irmãos da Terra!

Que tendes feito do manancial sublime da fé libertadora que Jesus vos oferece como archote iluminativo para a travessia do *vale de sombras* no rumo da perene madrugada rica de imortalidade?!

Meditai em torno das comunicações sérias dos Espíritos felizes que vos advertem, mas, sobretudo, daqueles que são sofredores, porque fracassaram na vilegiatura carnal e retornam de alma dilacerada em busca do consolo que negaram ao próximo, falando-vos do que a todos aguarda após a dissolução da matéria, quando não se comporta conforme os padrões morais do Evangelho.

Tende ânimo e estai atentos para as vossas responsabilidades, pois conheceis a vida além do corpo, e, por mais se prolongue a viagem orgânica, momento surge em que se dilui e o retorno ao Grande Lar é inevitável.

Sereis convidados a prestardes contas de como aplicastes o tempo e o conhecimento, de como agistes em relação ao vosso próximo, em consequência, a vós mesmos e à vossa consciência, na qual está *escrita a Lei de Deus*, que abrirá campo à instalação da culpa e ao sofrimento que poderiam ser evitados, se houvésseis agido de maneira diversa, conforme aprendemos todos com a Revelação Espírita.

Vigiai as nascentes do *coração*, de onde procedem tanto o bem quanto o mal, conforme acentuou Jesus em outras palavras.

Despertai e reflexionai com mais tento, porque o vosso é compromisso de alta responsabilidade, por tratar-se do vosso caráter imortal.

Sois Espíritos mergulhados na matéria temporariamente e deveis ter sempre em conta essa questão. Não muitos dão a impressão que viverão no corpo indefinidamente, em caráter de exceção, tão presunçosa é a sua *sombra*.

Estais sob vigilância de ativos mensageiros da Treva, embora vos encontreis amparados pelo amor do Mestre inolvidável. Nada obstante, a questão é de sintonia. Como parece mais fácil tergiversar, divergir, ser original, desfrutar do prazer imediato do *ego*, do que ser fiel, fraterno, seguir a trilha da verdade, atender as necessidades da renúncia, a sintonia com as Entidades insanas torna-se mais simples e imediata.

Jesus não nos solicitou que vencêssemos montanhas e atravessássemos desertos inóspitos ou mergulhássemos nos abismos oceânicos para servi-lO. Somente nos solicitou que nos amássemos, sem desejar ao irmão tudo aquilo que não anelamos para nós próprios.

É tão pequena a quota que Ele nos solicitou, que não deixa de ser estranhável que nos embrenhemos pelo matagal das complexidades e desafios, para evitar atender-Lhe o apelo dulçoroso e afável.

Não temais a morte nem receeis a vida, porque uma é continuação da outra, já que estais mergulhados no sublime *oceano da Imortalidade*.

A perspicácia dos vigilantes da impiedade acompanha-vos.

Sede os vencedores do mal, onde quer que ele tente homiziar-se, nas paisagens do vosso coração ou nos encantados reservatórios da mente.

Cantai a alegria de amar e de servir à doutrina que vos apresenta a bússola de orientação para o porto da plenitude.

Jesus conduz a barca terrestre e leva-a com segurança ao seu destino.

Após estas reflexões, reunimo-nos na Instituição em reformulação de atividades a fim de prosseguirmos no mister para o qual o grupo foi formado.

8
AS ATIVIDADES PROSSEGUEM

Encontrávamo-nos em uma área encantadora, próximo à praia, de onde podíamos ver o oceano a perder-se na imensidão, enquanto eu imaginava quais os mistérios e segredos que se encontravam submersos sob as suas águas, especialmente nas regiões mais profundas, onde o homem ainda não conseguiu penetrar em razão da terrível pressão. Quantas maravilhas estão ocultas, por enquanto, ao olhar, ao entendimento humano, que ainda se encontra em fase primária de descobrimentos!

Desde muito jovem, durante a jornada terrestre, o mar sempre exerceu especial fascínio sobre mim. Não poucas vezes, fitava-o a regular distância desde as praias de branca areia adornadas de coqueiros balouçantes e refletia sobre a influência do magnetismo da Lua nas suas águas volumosas, do equilíbrio da Lei de Gravidade, anelando por compreender um pouco que fosse a grandeza do Criador.

Nosso venerando Dr. Bezerra, sentindo as ânsias de todos nós e captando certamente as reflexões silenciosas a que nos entregávamos, referiu-se:

— *Para onde nos dirigirmos sempre defrontaremos a beleza da Criação, os sinais de Deus que não estão apenas nos astros, conforme relatado nos Salmos, mas em toda parte, seja no minúsculo grão de areia, na florzinha delicada, no inseto leve e quase insignificante, assim como na glória estelar, nas incontáveis galáxias.*

Em tudo e em todo lugar, a divina harmonia apresenta--nos convites discretos ou severos para que nos voltemos para a Sua obra infinita e inexcedível, a fim de aprendermos os comportamentos compatíveis com as leis existentes, mantenedoras da ordem e do equilíbrio. Inobstante, já podemos anotar os imensos prejuízos causados pelas ambições desnaturadas, pela cobiça das nações ricas que pretendem mais poder e grandeza, interferindo no sistema ecológico do planeta glorioso que nos serve de lar periodicamente no processo da evolução.

Já é possível perceber-se os distúrbios causados à Natureza, aos seres sencientes e especialmente ao próprio ser humano. A poluição, ao lado das chuvas ácidas, vem destruindo cruelmente a vida vegetal e a animal em cidades grandiosas, em razão da sua alucinada tecnologia egoísta, nas quais já quase não se pode respirar, onde o câncer ataca a infância em especial e os adultos em geral, necessitando-se de aparelhos de umidificação, aprisionados nos ambientes fechados, sem quase o direito de locomover-se ao ar livre, asfixiante e danoso.

A Natureza responde sempre conforme é tratada, e, nesse sentido, o desrespeito às suas leis faz-se responsável pelos distúrbios que ora se apresentam ameaçadores. É natural que ocorram alterações decorrentes dos processos que dizem respeito ao planeta, de acordo com as ocorrências normais registradas nos períodos anteriores. Na atualidade, porém, são somados aos fenômenos naturais as agressões provocadas pela moderna civilização ávida de poder e de prazer, sem os correspondentes compromissos de preservação do valioso patrimônio de que se constitui.

Felizmente, embora com algum atraso, Espíritos de escol têm compreendido as funestas consequências dos abusos que se vêm praticando e levantam-se em protesto, através de organizações nacionais e internacionais respeitáveis, fazendo ouvidas suas vozes.

Muito, porém, necessita ser feito para a manutenção da harmonia necessária às manifestações da vida no seu seio.

Desde a ordem nos pensamentos às condutas ético-morais, de modo a ser modificada a densidade da psicosfera que a envolve, portadora de miasmas pestilentos, *de que se nutrem as multidões de infelizes desencarnados que lhe permanecem imantados, e propiciam complexas obsessões, para cujo atendimento a sociedade não está preparada, por ignorância dos elevados princípios espirituais.*

A visão materialista, no comportamento insano, mesmo naqueles que se dizem vinculados a esta ou àquela doutrina espiritualista, responde pelo desrespeito aos valores nobres que devem viger no imo de todos os seres humanos.

Esse relevante mister encontra-se reservado ao Espiritismo, pelos conhecimentos que proporciona a todos quantos lhe buscam as fontes inexauríveis. Com a interferência do Mundo espiritual nas condutas do mundo material, modificar-se-ão para melhor ou para pior, de acordo com a qualidade de que se façam portadoras, as condições existenciais. Como a Lei é de progresso, a vitória do bem e sua disseminação em toda parte imporão a fraternidade, a perfeita união com todas as coisas, conforme São Francisco demonstrou ser possível.

Para a santificante operação da solidariedade entre todos em nome do amor e da caridade, deveremos unir-nos, cada qual oferecendo o que possui de melhor nas suas paisagens íntimas e

assim desincumbir-se do dever de preparar a Era Nova pela qual anelamos.
Agora, partamos.

A noite havia chegado com as suas miríades de astros luminosos e o movimento na cidade se tornara mais agitado, naquela hora em que se buscava o lar após o dia de trabalho afanoso.

Chegamos ao nosso recinto de acolhimento e o encontramos repleto de trabalhadores espirituais e de necessitados que chegavam para o benefício do esclarecimento e a terapia fluídica.

Muitos semblantes de encarnados apresentavam a máscara do sofrimento, do cansaço, da irritação, das pressões espirituais obsessivas.

Desde antes, os encarregados espirituais do socorro haviam-se preparado para os atendimentos, e pessoas abnegadas, levemente aureoladas por peculiar luminosidade, postavam-se nos devidos lugares para os socorros imediatos.

A sala reservada à aplicação de passes encontrava-se preservada da invasão dos Espíritos obsessores, exceção feita quando havia perfeita simbiose entre o enfermo e o seu perseguidor. Os demais, de natureza ociosa, perturbadores e viciosos, eram impedidos por barreiras vibratórias adredemente construídas.

O irmão Elvídio recebeu-nos com demonstrações da sua habitual afabilidade, sua gentileza, e conduziu-nos à sala onde, a partir das 20 horas, teria lugar a atividade mediúnica.

O ambiente estava repleto, já presentes os benfeitores encarregados da atividade, assim como os Espíritos que se deveriam comunicar. Alguns se encontravam em padiolas, assistidos por generosos enfermeiros que os cuidavam; outros, taciturnos e deprimidos, apresentavam-se mergulhados em reflexões amargas; diversos se agitavam e estorcegavam sob as evocações da desencarnação; generosos guias atendiam uns e outros, confortando-os e encorajando-os para a renovação interior... Não havia, porém, qualquer tipo de desordem, porque tudo estava programado para desenvolver-se no horário próprio.

Desse modo, o recinto dedicado às atividades mediúnicas deve, sempre que possível, ser preservado de altercações, de anedotário vulgar, de conversação fútil, de atividades não compatíveis com a Lei da Caridade, porque são oficinas-hospitais de acolhimento a desencarnados em preparação para o atendimento que lhes fará grande bem.

O novo orientador da reunião mediúnica, Marcelo, que substituía o companheiro que renunciara à administração da Casa, encontrava-se profundamente emocionado. Sabia do alto significado de uma reunião daquele gênero e considerava-se insuficientemente preparado, nada obstante confiante na Misericórdia do Senhor e na proteção dos mentores espirituais.

Médiuns e assistentes, cooperadores, passistas e dialogadores encontravam-se a postos, quando o diretor, sinceramente humilde, exorou a divina proteção para as atividades que deveriam ser realizadas. Sintonizando facilmente com o nosso Elvídio, de imediato se iluminou, enquanto o verbo superior criava uma psicosfera de alta magnitude.

Terminada a exoração, dona Márcia liberou a primeira comunicação psicofônica do responsável pela atividade de desobsessão que elucidou brevemente a programação da noite, tendo em vista as dificuldades promovidas por Espíritos perversos da falange inimiga de Jesus, trabalhando em nobre Sociedade Espírita em outro bairro da cidade.

Tratava-se de uma luta interna que surgira, por indução desses companheiros inditosos, entre duas irmãs que dirigiam a sociedade. Uma delas, mais experiente e humilde, assumira o compromisso de manter fidelidade à Codificação Espírita conforme elaborada por Allan Kardec. Amante da caridade sob todos os aspectos considerados, dedicava-se ao atendimento dos menos favorecidos pelos bens materiais, que nela encontravam a figura materna e paciente de verdadeira cristã. Como, porém, a Casa houvesse crescido muito pelos benefícios realizados a todos quantos a buscavam, acorreram também pessoas mais afortunadas e elegantes, portadoras de cultura e exigentes sob o ponto de vista filosófico, que passaram a ser atendidas pela outra, mais jovem, a gentil Carolina...

Entusiasta e menos conhecedora do Espiritismo, era portadora de verbo fácil, que atraía os jovens, em razão das colocações mais concordes com as exigências sociais do momento, tentando demonstrar que o Espiritismo não se envolve com as questões éticas, especialmente aquelas que dizem respeito ao comportamento sexual. Infelizmente, deixava a impressão de tratar-se a Instituição de um lugar agradável, de um clube com tintas religiosas muito débeis, onde se pudessem debater todos os temas à luz da moderna psicologia, das audácias sociológicas e dos compromissos morais.

Sem qualquer dúvida, era uma pessoa portadora de bons sentimentos, porém, mais comprometida com o mundo social do que com a limpidez e austeridade dos princípios da Doutrina Espírita.

Em razão da falta de siso, atraía pessoas fúteis e vinculava-se a relacionamentos pouco recomendáveis.

Inevitavelmente, sucederam-se os choques entre as duas trabalhadoras. Cenira, a devotada servidora da Causa, que estudava o Espiritismo e o tinha na condição de o Consolador que Jesus prometera, mantinha-se gentil, bondosa, mas de caráter digno de verdadeira cristã.

Carolina, menos cuidadosa com os valores do espírito, rebelava-se contra a ação da caridade material, especialmente aquela que envolvia os membros da Instituição no auxílio aos irmãos da retaguarda, os "filhos do Calvário" que nos foram recomendados pelo Mestre, a fim de que os assistíssemos.

A sopa distribuída aos esfaimados, a palavra orientadora e a assistência física, econômica e mental, causavam-lhe mal-estar, porque preferia a convivência rápida, irresponsável, com outros membros que sintonizavam com a sua forma de ser. Já se havia praticamente estabelecido a cisão interna, quando Cenira recorreu, em fervorosa oração, ao auxílio do mentor espiritual.

A reunião mediúnica daquele momento era destinada ao mister, embora os membros encarnados não o soubessem.

Sob a direção espiritual do venerando Dr. Bezerra, Astolfo, o guia espiritual da sociedade, que, na Terra, fora franciscano devotado ao amor e à renúncia, ora encarregado de orientar alguns companheiros antigos que haviam fracassado no apostolado do Santo de Assis, não ocultava a preocupação que o tomava ante o perigo de uma divisão perniciosa entre os membros da Casa.

Somavam-se a essa preocupação, alguns comentários menos dignos da vizinhança que se dizia incomodada com a presença de mendigos e de aflitos que se acotovelavam às portas do Núcleo de socorro, aguardando amparo e direcionamento para as suas existências.

Alguns chegaram a propor um plebiscito para a remoção da Instituição de caridade para uma região afastada das residências de luxo. Curiosamente, não preocupavam aos moradores afortunados, a invasão de traficantes bem-vestidos que distribuíam drogas ilícitas a crianças, jovens e adultos, o jogo vulgar do sexo destituído de pudor e de significado edificante... Essas mazelas morais, que são as grandes feridas das almas aturdidas, pareciam dar maior destaque ao bairro elegante, onde praticamente tudo era permitido, estando os seus moradores acima do bem e do mal...

Entre os mendigos e sem-teto que faziam parte do grupo beneficiado pelo amor e pela caridade, havia um homem de meia-idade que Cenira encontrara numa das suas excursões pelas praças desertas nas avançadas horas da noite. Desabrigado e em estado de miséria orgânica, assim como moral e econômica, notou, a bondosa cristã, que se tratava de alguém que fora profundamente ferido pela existência e não tivera resistências para suportar os testemunhos da evolução.

Acercou-se-lhe, por primeira vez, sendo reprimida com rudeza, mas não desistiu, terminando por conquistar-lhe a simpatia, praticamente arrancando-o da sombra da passarela onde se homiziava sob caixas de papelões e trapos.

Começou a conversar com ele, a demonstrar-lhe simpatia, a convidá-lo para que fosse à Instituição, e porque lhe notou a posse de uma boa cultura intelectual, a que ouvisse o Espiritismo.

Perturbações espirituais

Mediante a oração e a simpatia sincera, conseguiu atraí-lo a uma das palestras hebdomadárias e, lentamente, arrancou-o da situação embaraçosa e infeliz a que se atirara.

Poucos meses depois, tornou-se, sem o desejar, líder do grupo de necessitados, havendo mudado de vestuário, asseando-se, recuperando algo da dignidade que deixara para trás no trânsito das aflições.

Henrique passou a ser útil, a auxiliar os companheiros mais infelizes e tornou-se o intermediário entre os diretores do Centro e os desamparados.

Em reunião oportunamente programada para tratar da questão da assistência aos esquecidos, ele sugeriu que se adquirisse um terreno em bairro próximo, menos elegante, onde se poderia viver a ação da caridade moral e se dignificassem aqueles que necessitam de apoio. A ideia foi aceita unanimemente e logo foi nomeada uma comissão para atender a esse nobre objetivo.

Naturalmente, os Espíritos que conspiravam contra a ordem e o progresso da Instituição rebelaram-se, tornando-se quase insuportável a situação entre as duas irmãs e os dois grupos litigantes que ameaçavam divisão.

Nesse clima emocional e de interferência das Trevas, aquela reunião seria de alto significado para a restauração da paz e o prosseguimento do trabalho de iluminação de consciências.

Iniciada a reunião de desobsessão, após a comovida oração proferida pelo amigo dos desafortunados, foi concedida ao irmão Astolfo, diretor da Instituição, a oportunidade de entretecer algumas considerações, de referir-se à coação psíquica a que alguns membros estavam submetidos pelos adversários de Jesus domiciliados na Erraticidade inferior.

Ambas as irmãs e diversos diretores do Centro encontravam-se presentes, adredemente convidados, somente que, na oportunidade, experimentavam peculiar sensação denotadora de algo especial.

A irmã Cenira, portadora de alta sensibilidade mediúnica, foi incorporada por perverso agressor, que era o responsável pelas dificuldades que se multiplicavam. Ele fora trazido, sem dar-se conta, pela nossa equipe e, quando percebeu que se encontrava em comunicação mediúnica, esbravejou com aspereza, apresentou ameaças, reagiu intempestivamente.

A comunicação era perfeita e a transfiguração da médium fazia-se total.

Com a voz roufenha, o mensageiro da desordem interrogou com arrogância:

— *Como se atrevem a impor-me esta situação desagradável? Faço parte do grupo dos novos dirigentes da Instituição e mereço a consideração que me não é oferecida.*

Todos os presentes logo se deram conta da gravidade da comunicação e, habituados à concentração, afervoraram-se na prece intercessora, sem qualquer sentimento de animosidade ao visitante ou mesmo de antipatia pela sua presença.

Sem qualquer precipitação, o diretor espiritual da reunião retrucou-lhe:

— *O caro amigo é muito bem-vindo à nossa reunião, convidado que se encontra por Jesus Cristo, que é realmente o diretor da nossa Instituição.*

— *Nada temos com o referido Galileu... Faço parte do grupo daqueles que O detestamos e, desde há algum tempo, erguemo-nos para impedir o avanço das suas aberrações, que somente têm tornado o mundo pior. Aí estão as guerras, a vitória dos preconceitos de todo porte, sob disfarces inumeráveis, o fracasso da Sua doutrina dominadora... Onde o Reino dos Céus que prometeu aos infelizes, àqueles que Lhe fossem fiéis? Adentramo-nos neste recinto atraído exatamente pela falsidade dos Seus ensinamentos, que são administrados de uma forma e vivenciados de outra. Onde o decantado amor, sequer entre duas irmãs consanguíneas que disputam primazia e dominação?*

— *Respeitamos as suas considerações, embora forjadas em sofismas hábeis e mentirosos. O Galileu referido prometeu o Reino dos Céus a todo aquele que se resolvesse por instalá-lo nas paisagens íntimas do coração, mediante a sua transformação moral para melhor, as alterações de comportamento em relação à existência e ao seu próximo. Sem dúvida, as guerras e a violência aí estão... Mas são de todas as épocas, por causa da inferioridade moral das criaturas humanas, da predominância das suas paixões asselvajadas em detrimento dos sentimentos de elevação espiritual. Ademais, Jesus é Pacificador enquanto aqueles que se Lhe opõem são violentos e asselvajados, que se nutrem das emissões mentais e físicas daqueles outros que, na Terra, assemelham-se-lhes. O caro amigo é um exemplo disso, como acabou de confessar, inspirando as pessoas a detestarem-se, a competirem quando deveriam compartilhar.*

As referidas irmãs não se encontrariam em situação de belicosidade não fosse a interferência do amigo e de outros da mesma lavra moral, por ausência de reflexão e amadurecimento espiritual. No infinito tudo se encontra, e, naturalmente, as dificuldades do momento serão equacionadas com facilidade.

Nossa irmã Carolina deseja uma instituição nos moldes das frivolidades e prazeres humanos em razão da sua inexperiência existencial, enquanto nossa Cenira permanece fiel aos propósitos abraçados desde o momento em que foi convocada à fundação da Casa sob a inspiração do irmão Astolfo. Sem dúvida, embora os vínculos biológicos, procedem de passado espiritual diferente, no qual se comprometeram e assumiram a responsabilidade de recuperação na atual oportunidade.

— *Não nos importam essas divagações, porque estamos fixados em um programa de lenta extinção da atividade do Consolador que vocês dizem representar. O seu Jesus está morto e a Sua doutrina estertora. Este é o momento da Ciência e do poder social, econômico... Em toda parte, temos interferido para que a mentalidade humana aproveite-se dos favores do conhecimento tecnológico para o prazer até a exaustão. Enganados e atormentados pelos desejos infrenes, estimulamos a sociedade fútil à fruição de tudo quanto possa, pouco importando os princípios éticos, morais ou quaisquer outros... Gozar é a nova ordem, porém, gozar hoje, porque amanhã talvez seja tarde demais... E como dispomos de tempo infinito, aguardaremos os foliões da ilusão quando de retorno ao Grande Lar, quando os escravizaremos, qual fizeram conosco no passado, somente porque nos permitíamos manter crença diferente.*

A nossa programação é vasta e alarga-se por quase todos os segmentos da sociedade terrestre, afinal de que também fazemos parte. A vitória é nossa, porque o tempo das meditações, da pobreza, da renúncia, ficaram no passado, nos tormentos daqueles que fugiam do mundo, portadores de problemas, fingindo ser para servir o seu Mestre. O momento agora é o de desfrutar, de usufruir até à última gota a satisfação dos sentidos. Não cederemos o menor espaço para que os biltres das fileiras espíritas sobrevivam e escapem à nossa vigília. Estamos atentos...

Com a voz inalterada, o nobre mentor interrompeu-o, afirmando com suavidade:

— *Não há um só exemplo do poder da violência em vitória larga, porque logo é interrompida por outros violentos mais escusos e cruéis... Enquanto isso, luz no calvário a mensagem do perdão e da caridade para com todos, permanece a lição do amor por sobre todas as calamidades que varrem a Terra e Jesus é o vencedor do mundo e das suas paixões, convidando-nos a segui-lO com ternura e abnegação.*

Imaginemos, num voo ao absurdo, que o programa a que o amigo refere-se triunfe aqui e ali, em razão das debilidades humanas, das ânsias de poder enganoso, que a morte dilui, o futuro é de Deus. Não há como deter-se a marcha do progresso. Se as criaturas permanecem nos seus propósitos mórbidos de destruição e de anarquia, as Leis Soberanas alteram-lhes a mente, os órgãos dos sentidos, encarceram-nos em reencarnações limitadoras, facultando-lhes o tempo necessário para a mudança de atitude. Ninguém foge ao tempo, nem se pode escusar ao progresso.

— *O que posso afirmar é que ninguém nos afastará daqui!*

— *Quanto engano! Não o desejamos afastar, mas o atrair cada vez mais, a fim de que nos conheça e participe conosco da Era Nova de amor que se anuncia. Faz quantos séculos que o amigo e outros se debatem na escuridão da ignorância, no sentimento de rancor contra Jesus, em razão do fanatismo de alguns déspotas que se Lhe apossaram do nome da doutrina, corrompendo-a? Mas eles também desencarnaram e retornaram, estando em processo de redenção, como é o nosso caso particular de Espírito equivocado, em tentativa de reabilitação. Não é a primeira vez que nós outro mantemos contato com Jesus, mas este é o instante definitivo da nossa mudança radical para o Seu lado, para o Seu amor.*

Não somos inimigos, meu irmão. Temos ideias diferentes por enfoques equivocados de sua parte. Dominado por larga hipnose, vitimado por inclemente inimigo de si mesmo e da Verdade, você deixou-se conduzir até este momento pela ignorância do bem. Você irá despertar, reconhecer o Amor de Jesus e a vitória da ternura ante a crueldade, do sentimento de compaixão em relação ao ódio...

De imediato, o irmão Germano Passos acercou-se da médium em transe profundo e aplicou passes de despertamento mental na Entidade comunicante, enquanto lhe dizia de maneira monocórdia: – *Acorde, reveja o seu passado.*

Quase de imediato, o Espírito pôs-se a chorar copiosamente, revendo os dias que precederam ao seu martírio no passado, quando fora vítima das perseguições espanholas através do Santo Ofício.

Podia-se perceber-lhe a aflição e ver-se-lhes os clichês mentais arquivados no inconsciente, que revelavam a sua situação de explorador de outros companheiros, o infame comércio de moedas com juros extorsivos, a impiedade na cobrança daqueles que não podiam pagar os empréstimos absurdos. Igualmente, apareciam à nossa vista as atitudes de mesquinhez e de injustiça que praticavam, quando foram arrancados do lar e atirados, uns, às labaredas, outros, às prisões infectas...

– *Não existem efeitos sem causas equivalentes* – adiu Dr. Bezerra. – *O irmão apresenta-se como vítima inocente. Vítima, sim, inocente, porém, de forma alguma, já que as suas paisagens mentais e morais são tenebrosas. Agora deve dormir, a fim de despertar para novos cometimentos que o libertarão das densas sombras das ações nefárias.*

E porque o aflito estorcegava na médium, foi retirado carinhosamente e colocado em maca especial a fim de ser transportado para recinto próprio em nossa Esfera de ação.

Recebendo passes revitalizadores, a dedicada médium recuperou a lucidez.

Nesse momento, Carolina pôs-se a chorar copiosamente. Inspirada pelo irmão Astolfo, deu-se conta da maneira como se vinha comportando, tornando-se *pedra de tropeço* na Instituição.

Refez, mentalmente, a trajetória existencial, avaliou o quanto a irmã representava para ela desde os dias em que a orfandade pela ausência da mãezinha já viúva bateu-lhe às portas dos sentimentos. Compreendeu, naquele momento, o alto significado do Espiritismo na sua missão consoladora e iluminativa e pôs-se a formular propósitos de mudança de conduta. As lágrimas que lhe refrigeravam o coração, também diluíam as construções mentais, resultado das frivolidades para a nova programação espiritual.

Outras comunicações tiveram lugar e, ao final, a palavra esclarecedora do Dr. Bezerra de Menezes, conclamou-nos a todos à responsabilidade para com o patrimônio espiritual que Jesus nos entregou, a fim de que o conduzamos com elevação e sacrifício.

Os Espíritos atendidos foram removidos para áreas específicas de nossa Esfera e às 22h a reunião foi encerrada com a prece proferida pela nossa irmã Cenira.

9
AMPLIA-SE A ÁREA DE TRABALHO

Aquela havia sido uma reunião especial, em que as duas instituições dedicadas ao bem uniram-se para firmar propósitos de fidelidade a Jesus, desarmar os emaranhados fios da intolerância e dos desplantes em referência à pulcritude do Espiritismo.

A doutrina que Jesus nos oferece diz respeito à Vida Imortal, não se trata, portanto, de um código de ética transitório, para acomodações e conforto durante a vilegiatura carnal. Sobretudo tem a ver com a realidade do ser indestrutível, não somente com os seus desequilíbrios, não sendo uma nova caixa de Pandora para solução de problemas como vem sendo utilizada pelo desconhecimento de alguns membros que nela mourejam.

A existência física é bênção incomparável, mediante a qual a consciência do Si desperta e faculta o entendimento de valores que jazem adormecidos nos refolhos do ser.

Longa ou breve, é sempre transitória, e tem por objetivo alertar o ser humano para a sua realidade transcendental, especialmente ante os sofrimentos que irrompem de todo lado e a impermanência material.

Quando se conhecer profundamente o significado da revelação imortalista, alterar-se-á a conduta moral, e os objetivos essenciais da existência passarão a um plano de maior relevância, por abrangerem mais do que o breve período carnal, alongando-se em direção à imortalidade.

Henrique, por exemplo, o irmão caído na estrada, que fazia recordar a vítima do assalto narrado por Jesus, na *Parábola do Bom Samaritano*, à medida que despertou da hipnose do mal e conheceu alguns dos princípios espíritas, operou uma revolução interna digna de louvor.

Havia sido, na juventude, advogado promissor com uma brilhante carreira, vivência social invejável, mas sem resistência para as reparações que lhe estavam no programa evolutivo, em decorrência do comportamento soberbo de existência próxima passada.

Envolveu-se nas armadilhas do sexo e do álcool nas altas rodas da ilusão, apaixonando-se por jovem leviana e exploradora, que o desnorteou completamente, após exaurir-lhe os recursos econômicos, e logo o abandonou quando se lhe apresentaram alguns sintomas de tuberculose pulmonar.

Sem uma fé religiosa racional que o ajudasse a compreender as vicissitudes, mergulhou mais fundo no álcool e na drogadição, quando foi conduzido por amigos apiedados a uma clínica de Tisiologia, na qual, após um ano de sofrimentos, teve o mal estagnado, conseguindo a cura clínica, não, porém, a saúde real.

Deixou-se consumir pela paixão doentia e, descendo os degraus do infortúnio, terminou na rua, à semelhança de outros tantos sofredores que se perderam a si mesmos.

A bondade cristã de Cenira ergueu-o vagarosamente, apresentou-lhe novo rumo e diferente significado existencial, no qual poderia autoencontrar-se e tornar-se credor de uma vida harmônica.

Nesse momento, mesmo em recuperação difícil dos vícios que se permitira, descobriu na arte de ajudar o sentido psicológico para a sua existência despedaçada.

A sua proposta para um núcleo de socorro em bairro modesto passou a preencher-lhe os espaços mentais, a aproximar-se mais da Instituição de amor, que lhe ensejava a recuperação interior.

As dificuldades que assaltavam a sociedade haviam criado situações conflitantes, uma rede bem tecida de intrigas e maledicências, grupos hostis uns aos outros, enquanto se ensinava cordialidade e amor.

A partir da libertação do adversário espiritual, mudar-se-iam os comportamentos, porque Carolina, ao despertar para a sua realidade pessoal, começou a elaborar um plano de edificação moral interna e a trabalhar em favor do próximo em qualquer situação em que ele se apresentasse.

As instituições de qualquer porte devem manter relacionamentos fraternais de sustentação, a fim de se ampararem nos momentos difíceis, sempre preocupadas em fazer o melhor conforme os ensinamentos do Mestre, sem as infelizes competições muito do agrado do *ego* doentio daqueles que as constituem.

Enquanto os benfeitores exultavam ante os primeiros resultados promissores, as criaturas experimentavam alterações significativas na emoção e no prazer de estarem juntas a serviço do bem.

Fazia algum tempo que uma veneranda Sociedade Espírita com digna folha de serviços ao Senhor e à Humanidade estava sendo sitiada por inimigos soezes da Verdade.

Sob a sua inspiração, lentamente se infiltraram nas suas fileiras pessoas inescrupulosas e de boa aparência, loquazes e de projeção social, com propósitos exibicionistas de poder e de grandeza, ao considerarem o imenso patrimônio material que a tornava muito bem situada entre as demais, suas correligionárias.

Com excelente programa de divulgação doutrinária, houve um grande progresso social, e passou a desfrutar de respeito e consideração na comunidade em que se encontrava fixada.

No entanto, é normal que a grande árvore, quando tomba, produza muito ruído, enquanto ao crescer o fenômeno dá-se em silêncio.

Sitiada pelos adversários desencarnados do Cristo, começaram a surgir as disputas mesquinhas pelos cargos de projeção, formando-se grupos que se antagonizavam, embora mantendo a aparência jovial que lhes disfarçava os sentimentos.

As suas atividades mediúnicas, nada obstante os cuidados dos mentores espirituais, passaram a apresentar excentricidades, adoção de teorias absurdas, falsamente rotuladas como científicas, sem qualquer estrutura dessa natureza, diminuindo-se o atendimento aos sofredores desencarnados, por "serem experiências do passado, já ultrapassadas". Concomitantemente, como sempre ocorre, surgiu um grupo falsamente intelectualizado, para combater os denominados serviços de desobsessão, que passaram a ser transferidos para programas psicoterapêuticos, chegando-se a substituir, para uma linguagem técnica, os demônios referidos no Evangelho pelos conflitos que seriam os demônios reais a afligirem as pessoas.

O desfile das vaidades, num crescendo contínuo, praticamente expulsou os Espíritos nobres da Sociedade Espírita, tornando-a paradoxal agrupamento de espíritas sem Espíritos.

Nesse crescendo de presunção em alto desenvolvimento, surgiram os descontentes com os administradores fiéis que desejavam preservar o patrimônio que lhes fora confiado, e logo as calúnias e disputas encarregaram-se do trabalho interno de destruição, quais cupins que invadiram madeira nobre e não foram percebidos, mantendo a aparência brilhante, mas internamente em decomposição.

No passado, os desafios aos espíritas procediam do mundo exterior, sendo fáceis de percebidos e mesmo superados; na atualidade, porém, a crueza da perseguição é de natureza interna, na intimidade das próprias instituições, por invigilância de alguns adeptos que não se permitem penetrar pelo conhecimento verdadeiro da doutrina.

Adicionando-se a essa fragilidade moral, as perturbações provocadas pelos *inimigos invisíveis*, que se comprazem em gerar conflitos, sobretudo, trabalhando as imperfeições morais daqueles que lhes tombam como vítimas.

O Espiritismo é doutrina eminentemente cristã, fixada nos postulados exarados pelo Mestre Jesus, devendo os seus adeptos estar vigilantes, a fim de que os pruridos da vaidade, da presunção, do orgulho não os dominem. Toda edificação que tenha deficiência na sua base está sempre ameaçada de ruir. Assim, devem ser considerados os labores cspirituais que deverão reger as consciências humanas no porvir, construídos na lealdade de princípios e de conduta, com os seus membros profundamente vinculados à oração, à vivência dos pensamentos saudáveis, não dando campo mental à futilidade nem às cruezas deste momento aflitivo.

A Sociedade Espírita são os membros que a constituem, não a aparência material, as suas estruturas físicas, mas os serviços iluminativos que nela se operam, a paciência e a compaixão para os desnorteados que a buscam, onde vibre a lição ímpar da caridade, que deve sempre ser praticada conforme as circunstâncias e o momento, jamais adiada sob justificativas organizacionais, porque, quando é muito discutida, o socorro emergencial chega tardiamente.

Indispensável que os espíritas se conscientizem de que o Evangelho é muito mais do que um dos belos livros de que a Humanidade tem conhecimento, sendo um tratado de conduta e um tesouro para ser aplicado em todos os momentos da existência humana.

Naquela mesma madrugada, após as atividades de amparo à nobre Casa do irmão Astolfo, nosso grupo dirigiu-se à Entidade que padecia a constrição das Trevas e se encontrava em verdadeiras batalhas, nas quais o ódio contorcia as relações antes amistosas e a violência das paixões descera a nível insuportável.

Ao invés de serem estudados os problemas em conjunto fraternal, como recomenda o dever cristão, alcançavam as páginas dos jornais, em escandalosas acusações de peculato, de abusos de poder, de apadrinhamentos e desvios de verbas, desmoralizando na opinião pública o trabalho de muitos decênios de abnegação e de luta. Igualmente pairavam ameaças de processos por parte de alguns dos seus diretores, de intervenção judicial e até mesmo policial.

A situação estava insustentável. De nada valiam as admoestações dos guias espirituais que sofriam a ingratidão dos seus pupilos e também eram acusados de mistificadores a serviço dos companheiros denominados corruptos, quando não anuíam às suas condutas perversas.

O escândalo sempre encontra ressonância nas mentes ociosas, e os conflitos pessoais, nesses momentos, tornam-se armas de acusação e de vingança imprevisível.

Quando se atinge esse estado de ânimo, é quase inútil qualquer tentativa de reconciliação, porque cada oponente se oculta no bastião escuro do seu interesse e desloca-se emocionalmente da realidade para sintonizar com os objetivos inditosos que, no momento, acalenta.

Nada obstante, os serviços edificantes ali realizados na sucessão dos anos haviam feito a Instituição granjear grande número de Espíritos reconhecidos que velavam pelo seu progresso, lutavam pela preservação do seu patrimônio moral e espiritual, insistiam na ação do compromisso cristão iluminativo.

Foram esses beneficiários, desde criancinhas, amparadas em momento próprio, enfermos e desvalidos do passado, necessitados do presente e trabalhadores amorosos que formavam a muralha de resistência ao mal, embora sofrendo a infrene agressividade de todos os lados, fiéis, porém, à obra de caridade e de libertação de consciência.

A Instituição, por muitos títulos, rica de méritos, estava inscrita no "livro do Reino dos Céus" pela obra de construção do amor e da verdade na Terra.

Seus fundadores e antigos cooperadores, agora desencarnados, embora lamentando profundamente a situação de que muitos não se davam conta – que dizia respeito à interferência das forças das Trevas, que tentaram em Seu tempo enfrentar o próprio Mestre, e agora operavam com maldade –, buscavam preservar a psicosfera de harmonia entre os que permaneciam fiéis ao programa de amor, ao mesmo tempo fortalecendo-os, a fim de que se mantivessem em silêncio, sem defesas injustificáveis, quais Jesus no pretório, porque a verdade não necessita de palavras e sempre triunfa.

Nesse amálgama de sentimentos vários de amor e de gratidão, reuniram-se e rogaram ao Senhor da Vida a Sua interferência pessoal, a fim de que os danos já causados não desanimassem os lidadores fiéis e a obra pudesse sobreviver à tempestade voluptuosa.

Como consequência, o nosso grupo de ação deslocou-se para a sede da veneranda sociedade, a fim de serem tomadas providências mais radicais, com o propósito de modificar-se a paisagem danosa e ameaçadora.

Os mentores da sociedade haviam programado um encontro espiritual entre as duas alas em dissidência, em tentativa de atenuar a gravidade da situação, demonstrando a interferência das Trevas no delicado processo de agressividade.

Cooperadores das primeiras horas, que mourejavam do nosso lado, foram adredemente convidados, e especialistas em desobsessão que, desde há muito serviam na Instituição, encontravam-se convocados, bem como dedicados médiuns e assistentes fiéis aos postulados de união e de entendimento para a magna reunião, que logo mais deveria ter lugar.

Quando chegamos ao edifício, encontramo-lo envolto em densas vibrações negativas, embora, vez que outra, brilhassem relâmpados que tinham a finalidade de diluir as construções deletérias acumuladas nos últimos meses.

Entidades de baixa condição moral rodeavam o prédio ou acotovelavam-se, curiosas umas, zombeteiras outras, e pronunciavam epítetos degradantes em relação aos servidores dedicados ao dever.

Igualmente, Espíritos generosos que participavam dos compromissos iluminativos adentravam-se, e dirigiam-se para as atividades a que se vinculavam, embora a avançada hora da madrugada, quando atendiam aos mais necessitados surpreendidos pelas injunções penosas da existência.

Fomos recebidos, à porta de entrada, pelo fundador da Instituição e o nobre dirigente espiritual que se destacava pela beleza refletida na face e a tranquilidade que exteriorizava, fruto da sua perfeita comunhão com as Esferas mais elevadas.

Alguns dos convidados reencarnados já se encontravam no recinto dedicado às conferências, numa das salas menores, enquanto os diretores e os divergentes eram conduzidos aos lugares reservados antecipadamente.

Às 2h da madrugada, com o recinto repleto, onde se respirava um clima de expectativa, embora as expressões de desagrado de alguns companheiros que reencontravam aqueles contra os quais se voltaram dominados por transtornos graves.

Não pude evitar a reflexão de que todos éramos irmãos que compartilhávamos dos mesmos ideais cristãos, apresentando-se alguns como inimigos figadais que se combatiam com certa ferocidade, chegando ao extremo de tal comportamento ameaçar os alicerces espíritas da nobre sociedade.

Recordei-me, então, de como somos frágeis e nos deixamos intoxicar pelas emanações morbíficas das Trevas, evocando a cena da Jerusalém transformada, muito diferente do dia em que o Filho do Homem a penetrara montando o jumentinho, sem qualquer arma de triunfo ou ambição guerreira, mas pacificador por excelência. Rememorei o povo simples em saudação festiva, erguendo palmas e atirando flores, para logo passar à cena hedionda do julgamento no pretório... Mesmo Pilatos, pusilânime e insensato, perverso e desumano, não Lhe vê culpa e deseja libertá-lO, enquanto a mesma multidão, açulada pelos perversos representantes do Sinédrio e tomada pelos Espíritos do mal, pediam a Sua crucificação, mesmo sabendo que Ele era justo e bom.

Os inimigos desencarnados constituem pesada carga psíquica sobre a humanidade física, por serem as almas despojadas da organização fisiológica ainda aprisionadas nas paixões inferiores, em vãs tentativas de lutar contra as Soberanas Leis da Vida.

De alguma forma, representam o mito de Lúcifer, que se teria rebelado contra Deus e fora expulso do Paraíso para as Geenas infernais.

Desencarnando sob o fardo do ódio e dos anseios de vingança contra os seus irmãos, reúnem-se em bandos e *cidades* onde se acreditam livres da interferência divina, e lutam com ferocidade contra o amor e a solidariedade, os formosos comportamentos saudáveis e promotores da felicidade terrestre, sempre relativa.

Por verem nos espíritas, os discípulos de Jesus, ora devotados à instalação do Reino dos Céus entre as criaturas humanas, têm-nos como adversários e investem contra os seus compromissos de fidelidade ao bem. Recorrem, sem dúvida, às Leis de Causa e Efeito, e se utilizam das brechas morais para se conectarem, iniciando os lamentáveis processos de obsessão. Não apenas contra os discípulos da Terceira Revelação, como é óbvio, porém contra todos aqueles que se afadigam pelo bem. Portadores de grande crueldade uns, outros enganados sob a indução de hipnose profunda, acreditam, irresponsáveis e alucinados, que poderão aumentar o caos moral no planeta, enquanto se locupletam nos tremendos fenômenos de vampirismo e de obsessões inomináveis.

Não poucos males que vitimam a sociedade têm as suas matrizes na Erraticidade inferior, onde pululam em conúbios morbíficos com os seus chefes arrogantes e prepotentes que se atrevem ignorar a Divindade.

Neste momento, quando se opera a grande transformação do mundo de sofrimentos em direção de melhores condições espirituais e morais, reforçam os seus propósitos maléficos por perceberem que a luz do Calvário é via de libertação.

Naturalmente, as instituições que abrigam os servidores da verdade de todo matiz, seres humanos ainda imperfeitos que são, fazem-se vítimas das suas induções destrutivas, por utilizarem das mazelas derivadas do egoísmo e do orgulho ainda predominantes em a natureza humana.

Chegara a época das eleições regimentais para administração da emérita Entidade.

Iniciaram-se os propósitos perversos vagarosamente, em silêncio, através da urdidura da maledicência disfarçada com lamentos, censuras veladas ou claras, tomando vulto, na razão directa em que acusações legítimas ou não tomavam forma e avançavam no rumo do escândalo. Esqueceram-se os bons e laboriosos amigos de que o escândalo, que é necessário, ocorrerá, mas é necessário muito cuidado, a fim de que se não torne o detonador dele. Nada passa despercebido do Divino Administrador, que dispõe de recursos inimagináveis para disciplinar a rebeldia, corrigir os erros, advertir e orientar todos aqueles que se equivocam. Não se trata de covardia moral ou anuência com as irregularidades, mas de confiança irrestrita em Deus, sempre fazendo o melhor que lhe esteja ao alcance, tirando *a trave do olho*, esquecendo-se do *argueiro* no seu próximo.

Os impulsos do *ego*, os estímulos em favor das competições infelizes, as revoltas surdas, abafados pelas mágoas e rancores acalentados, irrompem em forma de defesa do bem e dão lugar às interferências realmente infelizes que destroem edificações planejadas no Mais-além em todos os tempos.

Nos primórdios do Cristianismo nascente, as heresias tornaram-se tão volumosas que destruíram as bases do amor que deve viger entre os discípulos de Jesus, dando lugar a Sínodos, Concílios, extravagantes reuniões de caráter político e econômico, com total esquecimento do bem e da fraternidade, conforme ensinara e vivera Jesus.

Simultaneamente, as perseguições do Império Romano tomaram vulto, porém, ao invés de anularem ou diminuírem o fervor dos mártires, deram-lhe vitalidade para que fosse perpetuada a mensagem em forma de renúncia, abnegação e sacrifício. No entanto, as divisões, filhas do orgulho e da presunção de alguns teólogos que passaram à História como *pais da Igreja*, separaram-na em grupelhos de discípulos discrepantes, excomungados uns, abençoados outros, distantes da humildade do Homem de Nazaré, que pôs o amor acima de toda e qualquer injunção ou acontecimento.

Na atualidade, os maiores desafios e testemunhos já não são fora das fronteiras dos núcleos de iluminação, porém, dentro delas, repetimos, pelo olvido da simplicidade, da pobreza, da ternura entre todos, da abnegação junto aos *filhos do Calvário*, que vêm sendo substituídos pelos poderosos do mundo, enganados em si mesmos e enganadores dos seus amigos.

É, portanto, favorável o campo para as dissensões, porque cada indivíduo se acha no direito de criticar, de impor suas ideias e opiniões nem sempre corretas, de transformação lenta, mas segura, de modificar o Celeiro de luz em clube de frivolidade, de clínica em favor de várias terapias sem apoio evangélico, de disputas por projeção e destaque, pela rudeza no trato, pela autopromoção, devaneios que ficam e se decompõem com os despojos materiais, após a morte física.

Quando, pois, se fale sobre obsessões e perseguições espirituais de nível inferior, tenha-se o cuidado de tentar descobrir as fontes de onde procedem, as circunstâncias em que se dão, as *tomadas* para ligação dos *plugues*, identificando a faixa vibratória na qual se encontram *antenados*...

É sempre muito fácil diagnosticar-se o mal nos outros, apontar-se aqueles que se extraviam e se encontram em processos perturbadores, sem valores morais para auxiliar sem censura, para contribuir em favor da sua recuperação, considerando-se que o grupo é importante e, numa corrente, quando um elo se enfraquece, toda a segurança periclita.

Havia-se instalado terrível perturbação na Casa de amor, agora sob os camartelos dos rancores e das censuras incessantes, das inimizades que substituíram as antigas afeições, ameaçando as construções respeitáveis que haviam sido realizadas com o sacrifício de mulheres e homens abnegados do passado assim como do presente.

Naquela madrugada, portanto, adredemente preparada, encontravam-se os litigantes encarnados trazidos pelos mentores, as suas vítimas e também os algozes desencarnados que as telecomandavam espiritualmente.

O ambiente respirava diversificadas vibrações. Alguns dos convidados ao despertarem e notarem a presença daqueles aos quais acusavam, não podiam ocultar os sentimentos de antipatia e ressentimento, enquanto outros, comovidos, dando-se conta do que estava acontecendo, deixavam-se dominar pela oração e súplica a Deus em favor próprio, assim como do conjunto.

Preparado o ambiente, após esclarecimentos do venerando *médico dos pobres*, uma diáfana claridade em tonalidade azul suave fez-se no ambiente e ouvimos delicada música com efeitos terapêuticos, à semelhança de um bálsamo sobre superfície ardente e dolorosa.

Nesse comenos, vimos entrar venerando mártir do Cristianismo primitivo, acompanhado por iluminados benfeitores que conseguiram transformar com a sua presença o ambiente, diluindo as construções mentais de antipatia e as vibrações de mal-estar em clima de harmonia e de esperança.

Os médiuns da Instituição convidados encontravam-se ao redor da mesa de atividades espirituais, como ocorre no dia a dia das Casas Espíritas para o bendito ministério de socorro.

O visitante especial acercou-se do dirigente do trabalho, nosso irmão Augusto, inspirou-o a levantar-se e com uma voz harmoniosa exorou a proteção do Mestre inolvidável para as realizações que iriam ter lugar.

Sua dúlcida voz evocava os dias do martírio, quando a fidelidade dos discípulos era superior e a sua abnegação, acompanhada pela morte, iluminava as noites terríveis dos espetáculos circenses em louvor ao Sublime Crucificado.

Pétalas de luz diáfana caíam sobre todos nós, como resposta dos Céus esplendorosos às súplicas angustiosas dos novos discípulos de Jesus.

10
ENCONTRO COM A VERDADE

Dulcificados pela superior vibração da prece ungida de amor e de ternura imensa, ouvimos um tumulto, vozes em altercação em um idioma oriental, quando, repentinamente, adentraram-se diversos Espíritos assinalados pelas fácies congestionadas, destacando-se um deles, que não disfarçava a ira e a presunção, acolitado por verdadeira corte de bajuladores de muito baixo nível moral.

Pareciam uma horda de vândalos, quais aqueles que, várias vezes, levaram a destruição à Europa no passado, e o repetiram diversas outras, deixando as marcas da violência terrível por onde passaram, inclementes.

Os membros da reunião encontravam-se em recolhimento de prece silenciosa, enquanto nosso grupo e os diretores do trabalho, bem como o venerando convidado, mantivemos a serenidade própria para a justa que parecia inevitável.

Os médiuns irradiavam suave claridade, fruto da concentração e dos valores morais que os exornavam, sendo a irmã Vicenza a que exteriorizava mais fortes vibrações que passaram a envolver o visitante irritado, atraindo-o para a psicofonia atormentada.

Impelido ao fenômeno, enquanto os correligionários eram atendidos com bondade e destreza pelos trabalhadores espirituais encarregados de preservar a psicosfera saudável, eis que, após a imantação perispirítica, ergueu a médium em atitude agressiva e grosseira, proferiu algumas palavras no seu idioma, enquanto persignava-se ou algo parecido, logo passando à agressividade.

Foi-nos possível perceber que o cérebro da médium no centro de Broca adquiriu uma luminosidade peculiar, e a comunicação prosseguiu em língua portuguesa. Compreendi que o comunicante continuava utilizando a sua própria forma de comunicação, que era decodificada automaticamente, num fenômeno rico de beleza, desde que a comunicação é sempre mental.

— *Esta comunidade agora me pertence, não mais ao Cordeiro crucificado a que se vinculou no princípio. Razões ponderáveis de justiça e de poder fizeram que se nos entregasse completamente. Inúteis têm sido os apelos Àquele que a si próprio não se defendeu, nem se salvou, deixando os amigos em abandono... Agora faz parte do nosso madraçal, onde nos reunimos e pretendemos apossar-nos completamente, não sem destruir a mentirosa imagem que ostentava.*

Desde quando o Profeta iniciou a pregação da doutrina da Verdade, que o mundo tem sede da segurança que ela pode oferecer, em nome de Alá. Muhammad foi o último e mais perfeito mensageiro do Deus de Abraão, de Isaac e de Jacó, que nós veneramos e iremos implantar no mundo moderno, seja qual for o tributo que tenhamos de oferecer.

Não éramos contra a mensagem do seu Jesus nem de Moisés, mas desde as lutas que tivemos que travar em Meca e em Medina que compreendemos a necessidade de combater

Perturbações espirituais

o demônio sob qualquer disfarce que tomara conta de grande parte do mundo.

Ante a rebeldia das massas ignaras e o entorpecimento dos ensinos da verdade, que ele viera restaurar por ordem do anjo Gabriel em nome de Deus, foi necessário usar a espada para implantar o Corão e suas sagradas leis.

Será possível que ainda não tenhais visto a luz que vem de um amanhecer banhado de sangue, necessário para a construção do mundo novo?

Sois nossos adversários desde os primórdios da implantação da mensagem derradeira que se espalhou pelo Irã e outros países, alcançando a Península Ibérica, onde fomos amaldiçoados em guerras de extermínio e impiedade, o mesmo havendo sucedido em outras partes, que nos tornaram, por definitivo, inimigos vossos.

Hoje temos a ajuda lúcida e poderosa de organizações espirituais judias que se nos unem para vencer o falso Messias.

Na Península Ibérica, os "Reis Católicos" Fernando e Isabel, com a vitória em Córdoba e em Granada (1492), exigiam a nossa rendição moral e espiritual, isto é, a adesão ao Cristianismo, e, cruelmente empurrados para Portugal e para o exílio, fomos vítimas das mais terríveis crueldades que se possam imaginar.

Logo depois, a ignominiosa batalha de Lepanto, em 1571, no reinado do Papa Pio V, que expulsou os mouros da Europa, às repetidas investidas, que geraram o ódio dos discípulos do Carpinteiro contra nós, feriram de morte a alma dos fiéis a Alá e ao seu Profeta Maomé.

Exaustos pelos sofrimentos, resolvemos reagir, especialmente depois do Holocausto – quando cristãos assassinaram os judeus com rudeza e covardia –, reunindo nossas hostes para lutar, usando todos os instrumentos de combate possíveis.

Eu sou mulá, *doutor canônico do Islã, de alta responsabilidade e com o magno dever de defender o nosso rebanho, que um dia não muito distante tomará conta da Terra. Trata-se de uma fatalidade histórica e com origem divina. A Terra será o reinado do Islã, e a* Sharia *será a única lei no planeta, em total obediência aos sagrados postulados do Corão.*

Arrogante, fez uma pausa, proporcionando ao irmão Macário oportunidade de responder-lhe com inesquecível tonalidade de voz, que contrastava fortemente com o seu tom de desrespeito.

— *Sede bem-vindo, irmão!* — saudou-o o emérito missionário do bem.

Como vos tratais, uns aos outros, utilizando-vos da palavra irmão, porque também pertencemos ao exército do amor, de que nos fala Maomé, quando predica a respeito da fraternidade, da misericórdia e da compaixão para com todos até mesmo em relação aos inimigos, temo-vos nessa condição.

O magnetismo que se desprendia do mensageiro do Céu começou a impregnar o irritado visitante que permaneceu inibido para uma resposta grosseira.

— *Todos lamentamos profundamente os nossos erros transatos, tanto aqueles que seguimos Jesus, como vós outros, que impusestes a doutrina do Islã na Arábia com ímpar derramamento de sangue. Como se pode impor fé espiritual com destruição de vidas valiosas na Terra? Como culpar a ignorância por desconhecer a verdade, utilizando-se de métodos bárbaros, quando se deveria usar de misericórdia e de iluminação?*

Referi-vos às guerras violentas que foram travadas contra vós todos, sem reconhecerdes que eram consequência das invasões insanas por vós mesmos realizadas anteriormente nos territórios que vos não pertenciam. Nenhum povo, por mais primitivo que seja, aceita a servidão, a submissão ao invasor que lhe impõe seus hábitos e costumes, exaure-o até a falência de todos os recursos.

O grande erro dos cristãos tomou vulto com a adesão ao Império Romano, através de Constantino e suas paixões servis, utilizando-se das armas destruidoras para impor-se. Olvidaram-se de que Jesus se referira que "tinha outras ovelhas que não eram daquele rebanho" – os gentios, sem dúvida, além dos judeus. O orgulho, porém, esse câncer devorador do ser humano, sobrepôs-se, e a loucura pelo luxo mentiroso e pelo destaque na governança induziu os seus adeptos aos mais alucinados comportamentos.

Todos somos filhos do Deus Único, pouco importando o nome que Se lhe atribua. Profetas, periodicamente, vieram à Terra, a fim de anunciá-lO desde os primórdios da civilização oriental, desvelando-O, a pouco e pouco, de acordo com o estágio de evolução em que se encontrava. A partir da adoração às forças vivas da Natureza, à idolatria em todos os seus aspectos extravagantes, às revelações apaixonadas por mulheres e homens frustrados e violentos, que Lhe proclamavam a posse e se entregavam a matanças, filhas da insanidade mental, que deixaram as marcas da maldade em nome do bem, da imposição em lugar da exposição.

O Mundo espiritual nunca deixou de comunicar-se com o físico, mantendo as seguras informações da vida após a morte, e até hoje prossegue, sem que haja uma real mudança.

A inferioridade moral dos religiosos de todos os matizes continua impondo-se cruel, vergonhosamente, assassinando, em espetáculos hórridos de fanatismo, sem poupar idosos, enfermos, crianças, dominados esses criminosos por Espíritos não menos cruéis que os exploram psiquicamente, nutrindo-se da energia das suas vítimas destroçadas.

Esta comunidade, embora a respeitabilidade do caro visitante, continua pertencendo a Jesus e não a vós ou a qualquer outro agressivo dominador de um momento.

Jesus reina e o Seu poder de amor ultrapassa qualquer capacidade humana de entendimento. Os dois mil anos que O separam da atualidade não modificaram, de forma alguma, a doação da Sua vida, que nos constitui a via redentora.

Respeitamos todas as crenças e comportamentos, porque cada qual responde pelos próprios atos, não nos cabendo, por outro lado, impor os nossos princípios, com o direito, portanto, de rechaçar com os instrumentos da fé e da paz, tudo que nos pareça ameaçar.

O inditoso *mulá*, que espumava através da médium, e cujo rosto estava transformado em uma verdadeira máscara, conseguindo romper as forças que o paralisaram, exclamou:

– *Não há muito, quando da nossa decisão de acabar com o Cristianismo, consideramos que muitas das denominações religiosas que o mantêm são extravagantes e sem reservas morais para sobreviver por si mesmas, estando ameaçadas de autoextinção. Mas os infiéis da Terceira Revelação, desejosos de manter na Terra a ficção do reino da fraternidade, despertaram-nos a atenção e passamos a visitá-los e vê-los quão fracos e ferozes também são. Após muitos debates, resolvemos vingar--nos dos sofrimentos que nos foram e ainda nos são impostos pela chamada decadente civilização ocidental, passando a investir no enfraquecimento das suas fileiras, na desmoralização dos seus postulados, através daqueles mesmos que se lhe filiam.*

Somos inimigos irrecuperáveis e aqui estou, atraído pela necessidade de defender os nossos cooperadores infiltrados nesta Instituição como noutras também em plena decadência. O período de glórias e de entusiasmo das primeiras horas já passou, ficando agora a rotina em atividades de pequena monta e em condutas tão chocantes quanto a dos sem rumo.

Somos aficionados do escândalo, das acusações graves e infamações, para desmascarar essa corja de aproveitadores astutos, que se encontra no poder momentâneo do Movimento Espírita.

Sim, alguns de vós sois conhecidos nossos e estivestes naqueles dias de turbulência e de criminalidade, erguendo a adaga contra nós, dizimando-nos enquanto fruíeis dos nossos haveres, com a vossa sede de glória e prazer.

Mudastes pouco nestes séculos, mantendo a máscara da bondade, da voz suave e o sentimento pervertido, a conduta moral chã e a fé claudicante. Credes, quando tudo está bem, sem resistência para os testemunhos e a permanência nos inevitáveis fenômenos da evolução.

— Tendes algumas razões — aditou o benfeitor —, *porque ainda somos Espíritos imperfeitos, lutando contra as más inclinações, em tentativas, nem sempre felizes, de realizarmos o melhor. Entretanto, vale considerar que o Mestre continua velando pelo Seu rebanho, e apóstolos da caridade, mártires da abnegação, estão reencarnando-se nas fileiras do Espiritismo, a fim de manter a pulcritude dos seus postulados. Na roupagem carnal, equivocam-se, mas refazem o caminho na busca da luz que brilha no Calvário, sem os ouropéis do mundo nem o fascínio do poder enganoso da Terra.*

Como não ignorais, estão reencarnados em experiência última, os vergonhosos verdugos da Humanidade do passado com as suas tribos sanguinárias, que utilizais para tornardes a Terra um caos, onde as obsessões exaurirão os sobreviventes das lutas inenarráveis. Mesmo que viésseis a fruir de algum êxito relativo, a marcha do progresso é na direção da plenitude, e o Senhor da Vida, que a todos nos ama, quando não mais Lhe correspondermos à expectativa, convidar-nos-á ao avanço, qual vem ocorrendo nestes dias mediante expiações rudes, que nos libertarão das armaduras do ódio, do primitivismo, do desvario em que vivemos...

— Nesse emaranhado verborrágico, deixastes transparecer que seremos vencidos em nosso programa de construção de um mundo diferente, cedendo em nossos propósitos. É muita audácia pretenderdes submeter-me aos vossos caprichos, pois sei que somente existe um Deus, que é Alá, e Maomé é o Seu Profeta!

Quando a mulher for chibatada o quanto merece pelo seu despudor, e os homens forem punidos pelas iniquidades a que se entregam, o mundo islâmico estará estável e a felicidade de todos garantida para sempre.

— O irmão engana-se, quando diz para sempre, porque este é um mundo transitório, onde estamos em processo de aprendizagem, a fim de voltarmos ao mundo de origem, onde, sim, a felicidade espera os justos e trabalhadores, aqueles que amaram e auxiliaram os seus irmãos na Terra. A reencarnação a todos nos conduz na fieira dos tempos, vestindo-nos de carne e despindo-nos, ao mesmo tempo que edificamos o Reino dos Céus no próprio coração, esse, sim, indestrutível.

— Eu tenho o poder sobre estes insensatos e pusilânimes que nos ouvem, porque estamos em perfeito conúbio emocional e espiritual. A conduta a que se entregaram abriu-nos a brecha de que necessitamos para a invasão do seu território, e agora somos nós a mandar. Isto é apenas o começo da tragédia...

— O irmão está equivocado. Confunde necessidade de evolução pela dor, que nos é imposta pelas Soberanas Leis da Vida, com vitórias de Pirro, insignificantes, porque aqueles que se encontram sob a hipnose do ódio e do ressentimento

não constituem parte significativa da Instituição. Alguns se deixaram seduzir e arrostarão as consequências do mal que se estão permitindo fazer com as atitudes escandalosas, as acusações terríveis ante os erros que facilmente poderiam ser corrigidos mediante a lealdade... Afinal, também estão envolvidos pelos erros que nos demais apontam e não se dão conta. A sede decorrente da paixão do poder é-lhes demasiadamente grande para despertarem do letargo hipnótico pelos que os dominam momentaneamente.

Atendendo às orações dos servidores fiéis, que permanecem sofridos e confiantes em Deus, aqui estamos retornando das páginas antigas do martírio, para erguer os caídos e enfrentar as circunstâncias aziagas do instante.

O amor nunca cede, muda apenas de nuança. É paciente e sabe esperar, nunca se revolta e persevera, surgindo sempre quando menos se pensa nele.

Esta Instituição tem-se dedicado ao bem, sem eleger quem quer que seja, a todos atendendo em nome de Jesus, nas suas necessidades humanas e principalmente espirituais. É portadora de uma vasta folha de serviços à Verdade, e todos aqueles que lhe receberam o carinho formam hoje a milícia de misericórdia que a envolve, evitando que o mal se lhe instale, porque estes acontecimentos desairosos e desagradáveis logo passarão e o bem será restabelecido.

Não há como deter-se a aurora, e Jesus é o perene amanhecer das almas.

Ao recepcionarmos o irmão em nossa reunião, não temos outro interesse senão o de nos aproximarmos, de nos darmos as mãos, para desarmarmos o mundo, alterarmos o comportamento do ser humano e fazermos que as nações respeitem-se, ajudem-se reciprocamente, única maneira de viver-se em paz.

— *Certamente que não me pretende converter ao ridículo Cristianismo* — ripostou com selvagem ironia.

— *De maneira nenhuma temos essa intenção. Recorde o irmão que nos veio visitar atraído pelas nossas vibrações de amor e de paz. É claro que o esperávamos e sentimos um grande prazer em estar dialogando convosco. Olhai em volta e vereis aqueles que constituímos parte da Instituição, comovidos, orando por vós e envolvendo-vos em ternura e cordialidade. Nenhum sentimento de rancor ou de raiva. Quando vos voltardes para Jesus, encontrareis, sem dúvida, a felicidade que supera as paixões do ódio, da animosidade, da destruição. Inspirareis à fraternidade nossos outros irmãos que hoje matam desapiedadamente, ameaçando o mundo com o terror. Esse período já não encontra ressonância na sociedade sofrida, mas equipada tecnologicamente para defender-se das agressões infamantes que, a cada hora, apresentam-se no mundo.*

O comunicante não pôde ocultar todo o escárnio que sentia e estrugiu ruidosa gargalhada, enquanto expressava-se, no seu idioma, o que nos pareciam palavras de desacato e de infâmia.

Nesse momento, Dr. Bezerra acercou-se da médium Vicenza e aplicou-lhe energias libertadoras dos fluidos densos do comunicante, adormecendo-o, enquanto lhe dizia:

— *Ficai conosco uma semana, a fim de nos conhecermos melhor e assim mais facilmente descobrirdes Jesus, que está em germe no vosso coração.*

Retirado pelo Dr. Carneiro de Campos e Virgílio Almeida, foi removido para a sala contígua.

11
ESCLARECIMENTOS
E ADVERTÊNCIAS

No silêncio que se fez espontaneamente, o irmão Macário, após a médium haver adquirido a consciência lúcida, esclareceu:

— Quando o Imperador Diocleciano, instigado por Galério, no inverno de 303 d.C., deu início à mais feroz perseguição aos cristãos, iniciada no dia 24 de fevereiro, os verdadeiros discípulos de Jesus perderam todos os parcos direitos que desfrutavam e foram convocados ao testemunho. Alguns mais frágeis renunciaram à crença libertadora, enquanto outros tivemos a honra de oferecer a vida física em demonstração de amor a Ele, que também nos houvera doado a Sua anteriormente.

Cristão que me tornara na África do Norte, residia em Roma e participava dos encontros consoladores nos quais a luz da verdade brilhava com intensidade.

Aprisionado e açoitado violentamente, aguardei o momento de oferecer-Lhe a pobre existência, como forma de agradecer-Lhe a mensagem sublime que honrava as minhas horas.

Pai de família, minha mulher e minhas duas filhinhas de 12 e 14 anos foram também aprisionadas, porque não abjuraram a fé quando lhes foi imposto, fazendo-me sofrer *inominável dor, compensada com a certeza do Reino que Ele nos havia prometido.*

Atirados às feras, em espetáculo com a presença do Imperador e do seu séquito, fomos estraçalhados pelos dentes afiados e as patadas fortes dos animais da Núbia e da Dalmácia, esfaimados e estimulados pelo odor de carne fresca, para aquele inolvidável entardecer.

Fazia frio e o vento sibilava nos braços da Natureza, enquanto o céu estava pesadamente nublado, mas, apesar disso, todos sentíamos a Sua presença, e após o pavor inicial da entrada na arena ameaçadora, um bálsamo tomou conta das nossas energias, e o anjo da morte recebeu-nos após as terríveis mordidas e despedaçamentos.

Quase de imediato, enquanto as carnes fremiam nos últimos estertores, um amanhecer inigualável de sóis substituiu a noite que chegara sem preâmbulos, e pudemos ver a glória da vida em toda a sua exuberância, com os Espíritos bem-aventurados recolhendo os recém-desencarnados.

Melodias de incomparável beleza e harmonia cantavam em toda parte, e pairando feérica no zimbório celeste a frase dos primeiros mártires: Ave Cristo! Aqueles que iremos viver a vida eterna te homenageamos e saudamos!

As lágrimas copiosas que aljofravam em nossos olhos escorriam em abundância, e fomos conduzidos a uma região formosa, embora não merecêssemos.

A glória da imortalidade superava todos os limites da nossa percepção a respeito da Misericórdia de Deus através do Seu Filho amado.

Desde então, encontramo-nos a Seu serviço, trabalhando pela preservação dos Seus ensinamentos, quando das terríveis dissensões entre as criaturas, após o Édito de Milão, de autoria de Constantino...

Os evos sucederam-se, e onde quer que a Sua palavra seja enunciada, somos convocados para cooperar com os heróis e abnegados seareiros da esperança e da paz.

Eis-nos, pois, a serviço do Sublime Amigo e Benfeitor, nesta grave situação que o Consolador *enfrenta na Terra.*

Vindo dar cumprimento à Sua promessa de não nos deixar órfãos, o Espírito de Verdade e os luminares da Erraticidade superior multiplicam os santuários de educação espiritual, a fim de atenderem a Humanidade na grande noite que precede o alvorecer da Era Nova.

Todos nos encontrávamos emocionados, diante desse apóstolo do bem que os Céus nos enviaram em socorro dos trabalhadores da luz inapagável da imortalidade.

Pude observar que o irmão *mulá,* embora em sono, era abençoado em socorro providencial pelas vibrações que reinavam no ambiente e o penetravam.

Voltando-se para os companheiros encarnados, envolvidos nos conflitos graves promovidos pelos adversários de Jesus, falou-lhes com ternura paternal:

— *Esta é uma luta inglória, cujos danos repercutirão no vosso destino.*

Recordemos que Ele nos ensinou que o escândalo é necessário, mas infeliz o escandaloso, porque as Leis dispõem de mecanismos especiais para educar, não necessitando que uma retificação dê lugar a futuros sofrimentos.

Fostes convidados para estabelecer o Reino de Deus na Terra, amparados pelos numes tutelares com os quais conviveis conscientemente, através das memoráveis comunicações mediúnicas.

Sois gentis com os desencarnados em aflição que vos visitam, em busca de harmonia e libertação, no entanto, voltai-vos uns contra os outros como se fosseis chacais esfaimados, por questiúnculas egoicas. Não sois vós, embora a imprudência vos pertença. Alguns de vós estais sob danosa inspiração, que necessita ser rechaçada com veemência. Despertai para o amor em toda a sua plenitude, ajudando-vos uns aos outros, sendo misericordiosos para com aqueles mais fracos que tombam pelo caminho, ou cujas forças lhes faltam na ascensão ao calvário que a todos nos liberta.

Resolvei vossas dificuldades pensando na Causa do Bem e não nos interesses que nos amesquinham, induzindo-nos à preservação dos sentimentos do rancor, do ódio e de todo o seu séquito maléfico.

É tempo de dialogar, em vez de competir, de ajudar, não de criar embaraços. A queda de alguém, a quem somos inamistosos, é razão de preocupação social, porque, quando um trabalhador tomba, o grupo fica ameaçado...

Erguei-vos na solidariedade. Aquele que hoje está com a responsabilidade da administração, amanhã estará na de um anônimo, servindo sempre, porque o importante não é o posto, a posição de relevo. O espírita sabe que deve obedecer às leis da sociedade, mas não pode esquecer a Lei de Amor acima de todas as conjunturas.

Dissolvei o veneno da maledicência, ajudando-vos como anteriormente, corrigindo o que se faça necessário e lembrando-vos que tereis que dar conta da vossa administração, da vossa conduta, das vossas ações.

Não tendes desculpas, qual ocorre com muitos outros que ainda não foram despertados para a Vida Imortal.

Fez uma pausa, dando lugar a que os presentes nos olhássemos e constatássemos a irrisão pela qual se lutava, o desvio de rumo que se haviam permitido os bons servidores de Jesus, ensejando a oportunidade para a hipnose morbífica.

Logo prosseguiu:

— *Quando volverdes ao abençoado escafandro material, lembrai-vos de alguns dos conceitos aqui enunciados, do sonho confortador e estareis com os sentimentos acalmados. Mantende esse estado de alma. Deixai a arena das paixões para aqueles que ainda não conhecem o doce Galileu, e vivei de acordo com os Seus princípios, nos quais o ego cede lugar em todas as circunstâncias.*

A renúncia dar-vos-á a oportunidade de estardes mais próximos d'Ele, a abnegação vos enriquecerá de alegria e o perdão das ofensas será o selo de luz sobre o documento dos compromissos novos de ajuda recíproca.

Não temais, porque o Senhor está conosco e a obra é d'Ele, que nos cuida e nos ampara, embora as dificuldades que semeamos pelo caminho, em razão da nossa pequena percepção e da nossa visão imediatista e humana.

Um grande inimigo que necessita ser combatido com eficiência é o egoísmo, essa herança infeliz do processo da evolução antropológica, que retém o indivíduo em algemas fortes.

O êxito do grupo social depende do membro mais frágil, que pode ser o acesso ao desequilíbrio geral. Indispensável, portanto, que a solidariedade viceje entre todos, mediante o auxílio recíproco, a tolerância fraternal, recordando-vos que todos passais ou já vivestes essa fase primitiva.

Desde que ouvistes o convite de Jesus para trabalhardes na Sua Seara, nenhuma condição vos foi imposta, nem exigistes que o vosso próximo fosse um bem-aventurado para servir-vos de modelo. Entardecia, e muitos vos encontráveis com os instrumentos próprios para arrotear o terreno atormentado pela seca, sem dúvida, os corações humanos vencidos pelo pessimismo, pela desesperança, pela falta de oportunidade...

Por que, de um para outro momento, vos transformais em seus juízes inclementes? Laborais em vosso favor, em função do chamado superior? Que pretendeis, aqueles que vos transformastes em agentes de dissensão, acusando os próprios irmãos e amigos aos quais muito consideráveis há pouco tempo? Quando o céu escurece durante o dia, logo vem a tempestade. Por que permitistes que o zimbório dos vossos sentimentos, nimbado pelas claridades sublimes, em razão de pequenas disputas e ciúmes, fosse tomado por nuvens carregadas, agora transformadas em tormenta perigosa?

O Senhor retirará, do mal destes dias, lições preciosas para os novos fiéis servidores da verdade. Esses enfrentarão não mais o circo nem o degredo, a crucificação nem o empalamento, pois que os tempos mudaram, mas os sentimentos de vingança e de rancor alteraram pouco, exigindo ainda o sacrifício de novos mártires e abnegados servidores de Jesus.

Os olhos vorazes do mundo espiam-vos e chocam-se com as condutas injustas e vingativas, muito diferentes do que sempre foram informados, que seriam o amor e a fraternidade, o júbilo pelo bem executado, o imenso prazer de ajudar e edificar-se um mundo melhor.

Repetem-se as infâmias medievais, as disputas imperiais para desfrutar-se o prazer do século e a soberba teológica sempre dominadora. Não são poucos os discípulos equivocados na seara, mas o Mestre conhece-os e cuidará deles, sem a necessidade de serem estigmatizados e atirados ao desprezo dos frívolos e zombeteiros.

Não vos afasteis do amor, seja qual for o pretexto, recordando-vos de que Deus é Amor.

Teremos novo ensejo de encontro, amanhã, quando voltaremos a atender o nosso querido irmão que tem chefiado a situação quase deplorável em que se encontra nossa amada Instituição.

Permanecei no bem e sereis dulcificados e felizes, porque nenhum mal pode haver onde se encontra a Mensagem de libertação.

Ao terminar o aconselhamento, algumas lágrimas corriam-lhe pela face.

O diretor da Sociedade orou em profundo recolhimento, encerrando a reunião, e os cooperadores encarregados de conduzir os companheiros encarnados aos seus destinos iniciaram a atividade, enquanto nosso grupo, sob a direção do amoroso Dr. Bezerra de Menezes, acercou-se do venerando Macário, a fim de permutar experiências.

12
OS DEBATES PROSSEGUEM

Embora já tivéssemos tido oportunidade de conhecer nobres mensageiros de Esferas elevadas, que nos visitaram, o irmão Macário irradiava singulares vibrações de amor, ternura e compaixão.

Como se nos fosse um venerando mestre, acolheu-nos com simpatia, e esclareceu-nos que estava informado do ministério no qual nos encontrávamos empenhados, dirigindo-nos palavras afetuosas e estimuladoras para o prosseguimento até o momento feliz da conclusão.

Sem ser interrogado, esclareceu-nos:

– A situação evolutiva do planeta Terra é muito grave. Além dos acontecimentos morais, econômicos, sociais, religiosos, artísticos e culturais, intelectuais e tecnológicos, o comportamento humano em desalinho está influenciando torpemente o equilíbrio gravitacional e a constituição dele. As naturais mudanças que sempre ocorreram ao longo dos bilhões de anos para adaptação e harmonia necessárias ao processo da evolução, esse contributo desregrado vem matando diversas expressões de vida, os gases, as explosões das ogivas nucleares, desde a primeira explosão atômica estão produzindo prejuízos, tais o contínuo

aquecimento, o avanço dos mares, o degelo ameaçador, a escassez de água potável e de oxigênio puro, sem os venenos da poluição, que podem provocar reações internas, culminando em calamidades de expressiva dimensão.

Nas regiões superiores da vida física em volta da Terra, apóstolos da ciência trabalham sob o comando de Jesus para diminuir os efeitos danosos dessa conduta desvairada, em tentativas de manter o esquema do progresso sem os terríveis sucessos que, periodicamente, varrem-na, ceifando milhares de vidas.

De igual maneira, os descalabros individuais, responsabilizando-se pelos coletivos, em face dos interesses da indignidade, respondem pelas centenas de guerras após aquela que "deveria acabar com todas as guerras: 1914/1918".

A necessidade de manter as nações em contínuo progresso, consumindo combustíveis poluentes, pioram expressivamente a situação da existência humana, e, à medida que diminuem as suas antes consideradas inexauríveis fontes, surgem as ameaças de caráter totalitário, a fim de controlar o maior número possível sob a falsa justificativa da sua iminente exaustão...

Esses apóstolos, alguns dos quais se encontram reencarnados, têm-se movimentado para encontrar soluções naturais, que respeitem a Natureza, aproveitando-se das suas fontes de energia não degradante. Ainda não são considerados pelos países ricos e industrializados, que se olvidam do futuro e da herança que deixarão para mais tarde, pensando no enriquecimento absurdo do momento, após o qual, pouca importância terá a vida.

...E tudo isso pode ser solucionado através do amor. Os homens e mulheres podem parlamentar, sem ódios nem paixões individualistas, pensando no bem comum, porque a interdependência entre todos é incontestável. Uns poderosos e exuberantes, enquanto outros, miseráveis e dependentes, constituem

o lado da maçã podre que ameaça o saudável, porque a derrocada de um povo abala a estrutura da Humanidade.

Vejam-se as terríveis consequências do fanatismo de alucinados que se comprazem em matanças de alta crueldade, atraindo jovens que perderam o sentido existencial e se tornaram verdugos da sociedade, revivem os períodos bárbaros quando, invadindo feudos e povoados, cidades e aldeias queimavam-nos, salgavam o solo, deixavam a desolação e a morte. Não viverão longo período e logo estarão de volta ao Grande Lar, de onde partirão em massa para o exílio, a fim de aprender em ambientes primitivos, usando a inteligência, a fraternidade e o amor.

A mente humana é hábil em decifrar os ensinamentos do Pai que todos os profetas trouxeram à Terra, e em especial Jesus, a fim de dar vazão aos seus instintos animalizantes, sem a certeza ou sequer a noção da imortalidade.

No Alcorão, entre muitas suratas, os versículos 153 e 195 respectivamente estabelecem: Ó crentes, amparai-vos na perseverança e na oração, porque Deus está com os perseverantes. Fazei caridade pela causa de Deus, sem arruinar-vos, e praticai o bem, porque Deus aprecia os caritativos.

Como se pode entender que palavras tão claras, perfeitamente coerentes com os ensinamentos de Jesus, sejam utilizadas para matanças grotescas de crianças, adultos, idosos, saudáveis e enfermos, em espetáculos que levariam ao delírio as sociedades ociosas da antiga Roma, nos seus festivais fúnebres e sangrentos...

Mas não é de estranhar-se a lamentável ocorrência, porque, não há muito, as odientas Cruzadas dizimaram e foram dizimadas em incontável número de vítimas, que se acreditavam portadoras da verdade, e, ocultando sentimentos escusos, abandonaram a Europa para destruir os conquistadores da sepultura vazia de Jesus Cristo... Por quantos séculos a Santa Inquisição impôs a ignorância e a brutalidade a ferro e a fogo, sob os impulsos das mais vis paixões terrestres, sem o menor vínculo com Jesus, em cujo nome assassinavam e perseguiam com crueldade inimaginável?!

A criatura humana possui a tendência egoica de alterar a verdade, adaptando-a aos seus míseros interesses e impondo--se com orgulhosa volúpia, sem pensar na transitoriedade da sua existência.

Agora é a vez de os antigos mouros, que também foram bárbaros *anteriormente e, por onde passavam, deixavam a desolação e a morte, desejarem impor as suas crenças e teses, vingando-se dos* infiéis.

É claro que nada justifica a violência, porque a Divindade possui mecanismos de justiça correta, mas a imprevidência humana imediatista atribui-se poderes que não tem e atira-se nas guerras de extermínio, nas quais também se consome.

Somente o amor possui a força indomável para levar à vitória sobre as heranças do primitivismo.

Por isso mesmo, jamais haveria a Ressurreição, não fora precedida da crucificação do Justo. Este é um momento de calvário para os descendentes do amor de Jesus, necessitando que a vitória sobre o egoísmo e os seus famigerados membros se imponha mediante a compaixão e a caridade. Não há como reagir-se com equivalentes instrumentos de cólera e ressentimento, porque são doentes que enlouqueceram de dor nos abismos aos quais foram precipitados... Agora, quando o planeta necessita depurar-se, são libertados das algemas a que se renderam e voltam-se contra todos aqueles aos quais atribuem a sua longa desdita.

Nos arraiais do Espiritismo encontram-se renascidos, na atualidade, muitos daqueles equivocados justiceiros que se utilizaram da mitra e do poder da religião para dar vazão aos impulsos conflitivos e à própria inferioridade. Hoje se encontram do outro lado, no lado de Jesus, sob as cargas pesadas dos remorsos e dos feitos infames que os retiveram em largos sofrimentos no Mais-além, agora renascidos para ressarcir, avançar no rumo da Grande Luz.

Fez um silêncio expressivo, para logo prosseguir:

— Unindo-se os irmãos muçulmanos e judeus banidos do Ocidente pelas religiões dominantes, que os responsabilizavam por crimes que são da criatura humana e não apenas de uma ou de outra raça, organizaram-se para o desforço e estão em ação.

Tenhamos paciência, aprendamos o amor e demonstremos-lhes que já não somos os mesmos daquelas passadas ocasiões de alucinação e fanatismo, qual hoje ocorre com eles. Acima de tudo, porém, cuidemos da conduta moral em relação a Jesus e à Sua doutrina, deixando de lado os impulsos inferiores de dominação, de combates externos, porque os verdadeiros inimigos da criatura humana estão no seu interior e não fora, na condição do seu próximo enfermo...

Indispensável que os espíritas, compreendendo o que vem ocorrendo, unam-se, desculpem-se, permitam-se o direito de ser imperfeitos em processo de aprimoramento, atraindo para as suas fileiras os desencarnados que ora se lhes apresentam como inimigos, de modo que, não muito distante, esteja o Reino dos Céus *instalado na Terra, e todas as ovelhas se encontrem sob o cajado seguro do seu único Pastor.*

Amanhã, na hora convencionada, estaremos reunidos novamente, a fim de darmos prosseguimento aos nossos abençoados serviços de esclarecimento.

Que o Senhor de bênçãos nos conceda Sua paz e Sua sabedoria, para que possamos agir corretamente em Seu nome.

Despedimo-nos, e nosso grupo rumou na direção da sede em que nos encontrávamos durante o período que vimos narrando.

Reflexões profundas dominavam a nossa paisagem mental.

Sem a mínima dúvida, somos os semeadores do campo da evolução e sempre retornamos pelos mesmos sítios a fim de realizarmos a colheita.

Lamentamos a alucinação e a agressividade dos irmãos que ora investem contra Jesus renascido nas abençoadas lides espíritas.

O Espiritismo é Doutrina tão bela e simples, porque revive a pureza do Evangelho e restaura o amor sublime do Amigo Incomparável, utilizando-se do anjo da caridade para ser a sua norma de conduta. Trabalha o Espírito, a fim de que se redescubra, diluindo as sombras demoradas que nele se encontram e iluminando-se de sabedoria e plenitude.

Quando essa Doutrina alcançar as paisagens dos corações humanos, o significado psicológico da existência passará a ser a vivência dos seus postulados, qual ocorrera com todos aqueles que se fascinaram pelo Mestre, fosse no período em que esteve conosco na Terra, ou após a Sua jornada incomparável.

Como pôde Francisco de Assis abandonar a opulência, o prazer da juventude para entregar-se-Lhe totalmente e tornar-se na pobreza extrema, sob o açoite da fome, das enfermidades, do abandono de todos, o *Embaixador do Grande Rei*, ao descobrir o sentido máximo da existência?!

Sem dúvida, saturado dos prazeres enganosos, necessitava de algo transcendente que se lhe encontrava no imo, na condição do *discípulo amado* que veio demonstrar ser possível viver o Mestre integralmente em qualquer época e lugar do tempo e do espaço.

O silêncio que tomara conta de todos nós foi interrompido, quando chegamos à nobre Instituição onde pousávamos com a advertência do caroável Dr. Bezerra:

– *Mantenhamos a mente fixa no amor e no perdão, na caridade e na misericórdia de nosso Pai, a fim de estarmos em condições de receber nossos irmãos equivocados com sentimentos profundos e não apenas com palavras.*

Busquemos o repouso mediante a oração.

O zimbório estava profusamente iluminado de diamantes estelares, e a brisa perfumada era carreada por toda a Natureza, exaltando a beleza da Criação ante os nossos olhos deslumbrados e os sentimentos elevados.

Durante o dia, as atividades na Casa Espírita eram significativas, mediante o atendimento aos viandantes de ambos os planos da Vida, especialmente aqueles que ainda se encontravam sob os camartelos das desencarnações dolorosas, sem haver despertado para a nova realidade.

O atendimento espiritual permanente constituía uma bênção para os transeuntes da amargura, os enfermos da alma.

Pessoas de diferentes camadas socioeconômicas, em horários próprios procuravam o conforto moral e espiritual, através do atendimento fraterno, da ação de auxílio ao próximo no setor de serviço social, da aplicação e do recebimento fluidoterápicos, enquanto Espíritos ociosos e perversos espreitavam os invigilantes, fora das defesas da Instituição.

Em determinado momento, vimos um jovem de aproximadamente 16 anos acercar-se da entrada, amparado carinhosamente por uma senhora gentil e preocupada que o induzira à busca de auxílio e o conduzira àquele santuário de amor e de solidariedade.

Logo percebemos tratar-se da sua genitora desencarnada, porque o carinho com que envolvia o jovem denunciava-lhe a grandeza maternal.

Ele procurou o informante geral, à entrada, dizendo necessitar de ajuda.

Estava pálido e levemente trêmulo, constrangido e receoso.

O recepcionista, verdadeiramente cristão, compreendeu os conflitos do rapaz e gentilmente o conduziu a uma veneranda senhora, que atendia bondosamente num dos recantos da sala, especialmente dedicada a esse mister.

Logo, percebi-lhe a mediunidade, porque, incontinente, ela sintonizou com a condutora do jovem, travando-se um intercâmbio mental.

Tratava-se da sua genitora, preocupada com a sua atual situação, defluente do choque traumático advindo da sua desencarnação repentina. Muito afeiçoados um ao outro, sofriam agora a separação corporal. Em consequência, ele fizera um transtorno depressivo da afetividade, negando-se à alimentação e ao sentido psicológico da existência. Perdera os estímulos para os estudos, deixando-se consumir pela saudade indescritível, desde que era também órfão de pai.

Convidando-o a expor a sua dor, a atendente, com paciência e ternura, externou-lhe afeto espontâneo que o confortou, parecendo reencontrar a mãezinha agora no Mais-além. As vibrações que da médium se exteriorizavam eram absorvidas pelo enfermo, enquanto a mãezinha também lhe infundia vibrações de ânimo e de forças para o prosseguimento da jornada, que não podia ser interrompida naquele momento.

À medida que o diálogo prosseguia, após a narração do que ele considerava um infortúnio, a "perda" do ser querido, adversário do passado conseguira infiltrar-se no seu pensamento sofrido, aturdindo-o com as suas energias deletérias e, vez que outra, insinuando-lhe o suicídio.

Graças à sua existência ainda sem compromissos negativos, a mãezinha conseguia diluir os fluidos perversos e inspirá-lo a oração, qual ocorrera naquela manhã em que o levara à Sociedade Espírita.

Depois de uma conversação saudável e rica de esperanças, a assistente aplicou-lhe o benefício do passe, dominada pelo sentimento de amor e de imensa compaixão.

O irmão Elvídio, que se encontrava no ambiente, anotando e cooperando nas atividades múltiplas, depois de examinar o paciente referiu-se que, a partir daquele momento, ele estaria sob a proteção dos benfeitores espirituais da Casa, que iriam providenciar o atendimento particular ao adversário desencarnado, postergando o momento da reabilitação do seu anterior algoz, quando ele tivesse forças e discernimento para o rcsgatc.

Moço dócil e desequipado de conhecimentos espirituais, era, no entanto, excelente campo experimental para o empreendimento de serviços edificantes em favor do futuro. Por certo, a partir daquele momento ele retornaria, ora trazido pela genitora desencarnada, noutras vezes pela Entidade encarregada de o proteger, vinculando-se à Doutrina Espírita com os olhos postos no porvir, quando poderia contribuir em favor do próprio bem e da fraternidade geral.

Lágrimas benéficas escorriam-lhe pela face à medida que era auxiliado pela servidora de Jesus, e, minutos após, apresentava um quadro muito diverso daquele que o trouxera ao santuário.

O Centro Espírita é, sem dúvida, hospital de emergência para as aflições da alma, da emoção e do corpo, pelo proporcionar de harmonia íntima no paciente e abrir-lhe horizontes dantes jamais imaginados.

A certeza de que ninguém se encontra a sós, assim como o descortino de oportunidades redentoras ao alcance pessoal, constituem pilares de apoio para a fraqueza e o desconforto moral, quando se instala o sofrimento.

Tarefa enriquecedora e abençoada aquela que proporciona luz a quantos se debatem na escuridão. O conhecimento é claridade espiritual que esbate as trevas da ignorância e impulsiona o ser na direção da conquista da plenitude.

Onde se instala o amor de Jesus Cristo, há sempre oportunidade de serviço e apoio incondicional a todas e quaisquer necessidades que se apresentem no ser humano.

De fato, na sua condição de consolador, o Espiritismo, após enxugar as lágrimas de quem sofre, concede-lhe valores para prosseguir com dignidade, construir o futuro risonho e vivenciar o bem-estar desde os primeiros momentos. Sempre há Espíritos generosos e diligentes aguardando sintonia com os viandantes terrenos, da mesma forma que os há nas categorias inferiores da evolução. A questão é, portanto, de compatibilidade vibratória.

Sucediam-se os socorros, e aumentava a clientela à medida que as horas se passavam.

Pessoas visivelmente obsidiadas umas, atormentadas outras, pelos vícios a que se entregavam, excruciadas diversas por enfermidades irreversíveis, por dramas familiares, por dificuldades econômicas, por necessidade de trabalho, vitimadas pelo abandono dos seres queridos, inúmeras em busca de milagres, de ocorrências do sobrenatural em seu benefício, passavam numa corrente sem fim...

Felizmente, a cada duas horas havia um espaço para palestra reconfortante e esclarecedora, explicando os objetivos do Espiritismo e como se deve comportar o cristão ante os desafios existenciais, sempre com boa assistência, tanto de encarnados como de desencarnados.

Espíritos recém-chegados às Esferas espirituais e ignorando a ocorrência eram trazidos para um departamento especial, onde recebiam acolhimento aqueles que possuíam algum mérito, a fim de serem transferidos para as organizações do Mais-além, e a azáfama do bem era contínua.

Notamos, Germano e o Dr. Carneiro de Campos, que também se faziam notar os *infiltrados* graças à negligência de alguns irresponsáveis companheiros, mais interessados nas projeções mundanas e nos seus desvios que no serviço de libertação pelo amor, gerando distúrbios.

Na sala dedicada às costuras em favor das gestantes pobres e das crianças maltrapilhas, o antigo ledor do Evangelho havia sido retirado, porque as senhoras não mantinham simpatia por ele, e porque lhes parecia maçante a leitura da obra consoladora, abrindo espaço à maledicência, ao anedotário chulo, às gargalhadas vulgares.

Era lamentável ouvi-las na Casa dedicada a Jesus, criticando umas às outras, enquanto na sala da diretoria, o gestor, sempre desconfiado com os companheiros que se lhe apresentavam como adversários, não ocultava o desconforto da situação em que se encontrava.

A Tesouraria também apresentava situação desagradável, em razão de algumas ocorrências irregulares promovidas pelo presidente anterior da Instituição, que era um gastador descontrolado, como se os recursos angariados para as finalidades elevadas lhe pertencessem para uso pessoal e familiar...

À surdina, outros participantes do grupo conspiravam contra a direção atual, vigiando cada membro e assacando acusações impiedosas num grupo dedicado à fraternidade e ao amor sem jaça.

Eis por que os inimigos do Cristo ali se instalaram e se encontravam gerando desídia, revolta e perigosos conluios para a derrubada dos companheiros que administravam o patrimônio material.

Lamentável esse comportamento, tendo-se em vista Jesus como modelo para todos os nossos atos, facultando que os Seus adversários passassem lentamente a ganhar espaço e movimentar ações no Santuário de amor.

O irmão Elvídio, no entanto, demonstrava paz íntima, pois que sabia não faltar o socorro dos Céus e, emocionado com as atividades espirituais do grupo dirigido pelo Dr. Bezerra, agora enriquecido com a presença do venerando Macário, iria reconduzir o rebanho a Jesus e reedificar sobre os escombros a Casa da Verdade, onde não mais o joio das disputas nasceria ao lado do trigo da solidariedade.

Em nossa movimentação pelos diversos setores da Oficina de amor e de caridade, percebemos a presença do *mulá* semiadormecido e conduzido com carinho por alguns dos mentores, de modo a que tomasse conhecimento, mesmo nesse estado de pouca lucidez, do que se realizava na abençoada Instituição que ele pretendia destruir sob os injustos argumentos de perseguições sofridas no passado.

As horas pareciam insuficientes para o atendimento à verdadeira multidão que buscava acolhida e socorro imediato. No entanto, tendo-se em vista a programação muito bem elaborada, muitos obreiros de ambos os lados da vida movimentavam-se com alegria procurando desincumbir-se das responsabilidades que lhes diziam respeito.

A ordem é, sem dúvida, a representante excelente do bem, porque, onde vige, tudo se passa com equilíbrio, sem desajustes nem precipitações.

Quase inesperadamente chegara a noite, e verdadeira multidão compareceu para a conferência doutrinária habitual, na qual deveria expor a doutrina conhecido servidor do Evangelho muito afeiçoado pelo público, em razão da beleza do seu verbo, mas, sobretudo, em decorrência dos exemplos de sua vida cristã dedicada aos necessitados de todo jaez.

Observamos os cuidados dos responsáveis pela Entidade, multiplicando os vigilantes dedicados a preservarem a disciplina e o equilíbrio no recinto, evitando a entrada dos perturbadores de ambos os lados, especialmente os muitos Espíritos ociosos arregimentados pelos perversos inimigos em atividade.

Gentis e severos, não facilitavam a entrada dos perseguidores contumazes de muitos frequentadores, menos ainda daqueles que tinham as intenções doentias de gerar confusão.

Nada obstante, em alguns casos de obsessões subjugadoras, permitiam que se adentrassem o paciente e o seu perseguidor, em razão da plena fusão perispiritual de ambos nos seus embates infelizes. Dessa forma, poderiam ser beneficiados pelos fluidos ambientais e pela mensagem confortadora.

Apesar de todo o cuidado, pouco antes de iniciar-se a palestra, uma jovem obsidiada, em descontrole total, rodopiou nos calcanhares e estorcegou numa crise convulsiva, como se fosse de natureza epiléptica. Sob controle de feroz adversário, tinha também os centros cerebrais afetados pelos fluidos espúrios do inimigo que a martirizava havia alguns anos.

A cena constrangedora teve imediata diminuição dos seus efeitos, porque acorreram em sua ajuda os membros da vigilância, que procuraram retirá-la da sala e com aplicação de passes afastar o malfeitor espiritual, auxiliando-a na recuperação da lucidez, quando, constrangida, foi dominada por choro atormentado.

A tentativa de provocar desconforto na plateia interessada logo cedeu lugar ao silêncio e à harmonia ambiental.

Nesse momento, às 20h, teve início a reunião doutrinária com admirável exposição espírita...

A magia da palavra do expositor penetrava os presentes com bálsamo aplicado com ternura e cuidado.

Evocando a figura do Nazareno atendendo as multidões, a Sua infinita paciência e compaixão, o orador comparava aqueles aos dias atuais, caracterizados pelos sofrimentos de variada manifestação, ao tempo em que se referia à necessidade de buscar-se Jesus, n'Ele encontrando o refúgio indispensável à conquista da harmonia.

Visivelmente inspirado pelo mentor da Instituição, elucidava que a função precípua do Espiritismo não são a cura física, o reequilíbrio emocional ou psíquico, mas a transformação moral para melhor, porque os males que afligem o ser provêm do seu mundo íntimo, são resultados das suas ações infelizes, e enquanto não houver um real sentimento de edificação interior, os pacientes mudam de enfermidades, permanecendo assinalados pela aflição.

Jesus não veio como remendão de roupas gastas, como libertador das condutas infelizes que geram desconforto e se apresentam como sofrimentos. Os benfeitores espirituais, por sua vez, são amigos generosos e devotados que socorrem, mas não podem impedir que as consequências dos atos insanos apresentem-se naqueles que procedem mal.

Torna-se indispensável a mudança das paisagens mentais, de modo que o comportamento se torne saudável, dando lugar a uma existência equilibrada, na qual se desenvolvem os recursos inatos da evolução espiritual, que estão ao alcance de todos.

O tema foi trabalhado com beleza, sem notas de ridículo ou de vulgaridade, por tratar-se de algo muito significativo, a todos convidando à reflexão e à alteração de conduta.

Ao terminar, foram aplicados passes coletivos por diversos médiuns, tornando o ambiente saturado de vibrações de harmonia e de bem-estar.

Logo após, a reunião foi encerrada, alguns participantes retornaram aos lares, enquanto outros prosseguiram nas buscas das orientações que necessitavam para o prosseguimento das lutas.

13
ATIVIDADES INCESSANTES

Quando se compreender que o Centro Espírita é um reduto dedicado à paz e um santuário para a comunhão com Deus, embora a ausência de símbolos e quaisquer outros sinais exteriores habituais nos institutos religiosos, maior respeito e devotamento serão dedicados aos labores que nele têm lugar.

Erguido e mantido pelas vibrações mentais e realizações espirituais dos encarnados e dos desencarnados, torna-se uma ilha de harmonia no mar tumultuado das paixões humanas em desenfreio total.

Atividades incessantes nele têm lugar, desde aquelas de natureza transcendental com os Espíritos em aflição, que são acolhidos e recebem o pábulo da esperança envolto na caridade, até os socorros aos viandantes carnais, que se encontram desarvorados.

Ainda muito desconhecida, a Doutrina Espírita é luz na treva da ignorância, proporcionando discernimento em torno dos objetivos essenciais da existência física e do intercâmbio que existe, mesmo inconsciente, entre os dois planos da vida.

Invadida pela perversidade de Espíritos vulgares, aquele em que nos hospedávamos, não deixava de ser a oficina de bênçãos para as quais havia sido erguido. O transe aflitivo que experimentava era resultado da invigilância de alguns dos seus membros ainda vencidos pela inferioridade moral que não conseguiram superar, porém, em franco processo de reabilitação.

O nosso trabalho não tinha outro objetivo, senão o de orientar os inimigos do Cristo que se permitiam as agressões, não apenas contra aquele hospital de almas, mas tudo quanto significava ordem e progresso, ética e moral, disposições saudáveis para a fraternidade e a paz.

A abnegação de nobres mensageiros da luz, à semelhança do irmão Elvídio e sua equipe, assim como de médiuns e trabalhadores sinceros quão dedicados, constituíam os alicerces de segurança sobre os quais o bem se encontrava edificado.

A transitória perturbação logo mais cederia lugar ao equilíbrio, caso aqueles que se fizeram responsáveis despertassem para a realidade transcendente, submetendo-se às sublimes determinações do Alto, na síntese do pensamento kardequiano: *Fora da caridade não há salvação.*

A caridade, no entanto, no seu sentido mais profundo, esparzindo bênçãos em todas as direções, braços abertos ao acolhimento dos infelizes e à sua posterior iluminação.

O dia transcorria abençoado pela aprendizagem contínua ante as ocorrências que chegavam à Sociedade, pois que o amor dispõe de um arsenal imenso de manifestações e está sempre vigilante para agir com sabedoria. Preparávamo-nos para visitar uma nobre Entidade Espírita, no momento sob os acúleos de perturbação interna, inspirada pelos declarados inimigos do *Cordeiro de Deus*, quando fomos surpreendidos por peculiar acontecimento.

Eram quase 9h da manhã e os serviços socorristas encontravam-se em plena efervescência. Dedicados trabalhadores da mediunidade, assim como assistentes fraternos, ocupavam os seus lugares nas salas respectivas, enquanto era realizada uma reunião aberta ao público, obedecendo ao programa de elucidações evangélicas, em comparações esclarecedoras entre o Cristianismo e o Espiritismo, a desnecessidade de dogmas e de cerimoniais no culto à memória de Jesus, a simplicidade em todas as suas realizações. Havia um público expressivo de quase uma centena de interessados, que dali seguiriam as suas atividades ou buscariam o concurso do passe e da água fluidificada para as suas aflições, e todos fixavam o expositor visivelmente inspirado por devotado mensageiro espiritual.

Foi quando irrompeu uma pobre mulher com os cabelos desgrenhados, os trajes em desalinho, perseguida por dois moradores de rua que a maltratavam, ameaçando-a com pedras e pedaços de madeira.

Aturdida e em pânico, adentrou-se pela porta aberta, pedindo socorro, o que causou um grande choque no salão em clima de iluminação espiritual.

Os agressores atiraram-lhe alguns calhaus que a feriram, mas detiveram-se, deblaterando à porta de entrada, sem coragem para invadir o recinto.

Notava-se naqueles ferozes perseguidores a malta de desencarnados que formava uma nuvem espessa de vibrações do mais baixo teor, que os açulava em gritaria infernal, impondo, violentos, que a sala fosse invadida e a *ladra* duramente punida.

Graças às defesas magnéticas que circundavam o edifício, os atormentados *justiceiros* sentiram-se paralisados e prometeram pegá-la noutra oportunidade, afastando-se, ruidosos e ameaçadores, de volta à praça onde se homiziavam.

A mulher, igualmente assessorada por Espíritos infelizes que a vampirizavam, chorava, trêmula e apavorada.

Ali estava a primeira mensagem de amor dos Céus, porque a ela que era perseguida, as barreiras vibratórias não impediram a entrada, porque na Casa de Jesus nunca há impedimento para que a caridade possa exercer o seu papel.

O orador, igualmente surpreendido, e certamente acostumado a fenômenos de tal natureza, silenciou, enquanto os companheiros encarregados de manter a ordem no ambiente acercaram-se da sofredora com expressões de sincero carinho, tentaram acalmá-la com palavras de ânimo e encorajamento, retiraram-na do local, e a conduziram à intimidade da Instituição.

De imediato, o hematoma da face e alguns arranhões foram assepsiados e receberam cuidados especiais, enquanto a padecente foi aquinhoada com passes calmantes e conforto moral.

Logo após pequeno descanso, foi encaminhada ao setor social, a fim de serem providenciados recursos para auxiliá-la a sair da rua ou pelo menos transferir-se para outro local, a fim de evitar o desforço dos companheiros revoltados.

Por conta própria, embora notando-se-lhe algum desalinho mental e emocional, ela referiu-se que estava sendo acusada de furto sem qualquer fundamento.

Atribuíram-lhe a subtração de um cobertor, como vingança por haver-se negado a exigências descabidas do grupo, que normalmente abusava da sua dignidade que havia descido ao mais baixo nível moral.

Os irmãos da caridade resolveram abrigá-la por alguns dias, enquanto se providenciavam melhores condições de vida, desde que ela estivesse disposta a seguir uma nova trilha.

Quando Jesus elegeu os irmãos sofredores, aqueles que eram detestados pelos poderosos, e conviveu com eles nas tascas, nas ruas, ao abandono, deixou-nos o sublime legado de que a compaixão e a misericórdia devem viver em nossos corações, abraçadas para o ministério da iluminação.

O Centro Espírita não pode descurar-se do atendimento a esses *filhos do Calvário*, que foram empurrados para as situações mais dolorosas do caminho, onde deambulam sob as pressões da miséria socioeconômica e moral, e padecendo, não poucas vezes, as injunções de transtornos obsessivos indescritíveis.

De imediato, sob a direção do Dr. Bezerra de Menezes, rumamos na direção da venerável Instituição que passava pelos terríveis momentos de inquietação e desestruturação, após decênios de atividades dignificadoras, firmadas nas bases sólidas da Codificação Kardequiana.

Havia crescido muito, e, para poder ser conduzida com eficiência, lentamente foi quase transformada numa empresa moderna com os requisitos exigíveis pela tecnologia avançada. Especialistas de comunicação e de desenvolvimento foram contratados, e tudo se desenvolvia dentro dos padrões das entidades que objetivam lucro e devem competir no comércio das negociações.

Inegavelmente, não podem as Sociedades Espíritas fugir dos impositivos exigidos pelas leis dos diversos países, assim como pelas conquistas tecnológicas que caracterizam o século da ciência e do discernimento. Entretanto, não podem ser consideradas como entidades de lucro fácil, de aplicação de recursos nos jogos das bolsas, nas negociações bancárias, o que termina em transformar-se, perdendo o calor da fraternidade e do saudável contributo do voluntariado, da caridade fraternal, dando lugar à presença de funcionários frios e indiferentes aos significados espirituais da Casa, interessados somente em constantes aumentos de salários e posições de relevo para maiores ganhos.

Quando isso sucede, empurram-se Jesus e o amor portas afora, mantendo-se os nomes, mas não o espírito de simplicidade e de abnegação, que nunca devem estar distantes do trabalho da solidariedade cristã.

Graças, portanto, ao excesso de modernização e de recursos específicos, houve a infiltração de pessoas ambiciosas, facilmente manipuláveis pelas Trevas, que se permitiram adentrar nos labores complexos da administração e provocaram divisionismos e exigências de comodidade, com total esquecimento dos princípios básicos da afetividade e da humildade.

A situação agravara-se de tal forma, que estavam ameaçadas as estruturas espirituais do formoso trabalho, agora entre ofensores uns dos outros, interessados em destruí-los, desmoralizá-los, sob o falso pretexto de zelo doutrinário.

Em vez do diálogo honesto e franco, sem melindres nem ofensas, recorria-se à maledicência e à calúnia, sob o infeliz domínio dos *egos* inflados de salvadores do bem.

Ali se havia instalado uma célula espiritual onde se encontravam também os inimigos do Cristo, que pertenciam ao mesmo grupamento infeliz do *mulá* que havíamos atendido.

Perturbações espirituais

No momento, quando chegamos, os servidores da fraternidade, estava sendo preparada uma reunião do Conselho administrativo para análise de contas e orçamento previsto para o futuro.

A divisão entre os servidores era visível, cada grupo fazendo questão de não ocultar a rebelião interna e o interesse de anulação do outro.

O fundador da Casa, nosso irmão Hermínio, não escondia as preocupações e, demonstrando apreensão em torno dos próximos acontecimentos, acolheu-nos com alegria, mantendo a esperança de resultados favoráveis ao bem, à união.

Alguns dos presentes não conseguiram desembaraçar-se dos fluidos morbosos dos inimigos desencarnados que, ultimamente, inspiravam as discussões que sempre resultavam em maior soma de descontentamento.

Enquanto era proferida a prece de abertura do encontro, nosso benfeitor destacara-nos a todos para que aplicássemos passes de reconforto em cada um dos membros da Sociedade, desarmando-os intimamente e dulcificando-lhes os sentimentos, de maneira que recordassem os dias passados em que se estimavam e contribuíam para a realização dos projetos de socorro aos alienados mentais, aos educandos das diversas escolas, aos irmãos extraviados no caminho redentor de provas e de expiações, aos esfaimados de pão e de paz, naquele recinto que transpirava harmonia e vibrações transcendentais.

Comovido até às lágrimas, o diretor presidente, inspirado pelo fundador da Obra, conclamou os amigos e irmãos ao entendimento, enquanto propunha uma nova era de compreensão e de fraternidade. Todos ali estavam por amor à Doutrina Espírita e anelavam por um mundo melhor que deveria começar em cada coração.

As vibrações que se fizeram sentir eram dúlcidas e repassadas de ternura, como deveria ser sempre em todo lugar onde se mencione o nome de Jesus e se pretenda que Ele estabeleça morada.

Alguns membros, porém, mais renitentes e intolerantes, permaneceram firmes nos propósitos que abraçavam, não se permitindo sensibilizar com a mensagem de compreensão e de tolerância, vinculados aos Espíritos perturbadores que se compraziam em gerar os conflitos que os perturbavam.

Logo foi concedida a palavra para os estudos programados, um desses, mais irônico e desafiador, telementalizado por Entidade religiosa que, por sua vez, era vítima de outra mais feroz, deu início à lista de reclamações e exigências, alterando a psicosfera ambiental. Logo foi seguido por outro descontente e mais outro, transformando o labor que deveria apaziguar todos naquele campo de disputas inúteis e infantis, mas de consequências nefastas.

Discutiam com vigor, como se estivessem defendendo interesses materiais imprescindíveis à própria existência, fixados em pontos de vista e em comportamentos egoicos, que davam margem à cólera e à inimizade.

O dirigente, demonstrando paciência e compreensão, evitava defender-se ou apresentar justificativas que diminuíssem a carga de descontentamentos, informando sempre que as dificuldades do momento exigiam serenidade e apoio de todos para que fossem superadas.

Como, porém, as intenções dos opositores fossem negativas, as suas palavras serenas mais os irritavam, com alegações falsas e aparente zelo pela Instituição.

Compadecido dos corações amigos que ali se encontravam, Dr. Bezerra de Menezes direcionou o pensamento ao diretor da reunião, que não disfarçava sofrimento íntimo e estimulou-o a expor:

— *Não ignoramos o período grave que estamos vivendo em nossa Casa, não importando de quem seja a responsabilidade, porquanto todos estamos no mesmo barco e temos assumido juntos todos os compromissos, alguns dos quais de resultado perturbador. Acusarmo-nos reciprocamente não solucionará os problemas, pelo contrário, torná-los-á de maior dimensão, avançando rumo ao escândalo. E o escândalo somente piorará a situação delicada em que todos nos encontramos.*

O conhecimento da Doutrina Espírita revela-nos que, além dos adversários encarnados que todos temos, quando estamos dedicados ao bem, existem aqueles que se encontram desvestidos de matéria e que se comprazem em gerar embaraços e destruir a obra de Jesus na Terra.

Não é a primeira vez que somos chamados pelo Mestre para o Seu ministério. Fracassamos, não poucas vezes, assumindo graves responsabilidades. Esta é uma oportunidade rara, especial, em face do conhecimento da imortalidade e da reencarnação que nos norteia o passo.

Necessitamos de unir-nos no esforço da fraternidade, a fim de, caminhando juntos, contribuirmos com os guias da Humanidade em benefício da sociedade feliz da Nova Era.

O apóstolo Paulo nos fala da urgência de continuarmos o trabalho, qual ele o fez, mesmo que nos encontremos com os joelhos desconjuntados.

Nos dias apostólicos, por ocasião do grande encontro em Jerusalém, por volta do ano 49 da nossa era, a divisão dos companheiros era quase inevitável, especialmente entre os comportamentos de Pedro e de Paulo, em relação à circuncisão dos gentios que desejavam abraçar o Evangelho. Estavam em debate os preceitos do Judaísmo e os da pureza do Evangelho, que a todos se dirigia sem qualquer exigência... A reunião estava sendo tensa e, no momento culminante, Pedro, evocando Jesus, apaziguou os ânimos, concordando com Paulo e humildemente lhe pedindo perdão, num gesto que desarmou os litigantes.

Essa atitude de elevação evitou um dissídio lamentável entre os servidores mais abnegados do Mestre crucificado, preservando-se a unidade doutrinária.

Não temos alternativa, senão unir-nos em torno dos ideais espíritas e cristãos que vicejam em nossa Casa, levantá-la da situação em que se encontra e mantermos a união, porque, se nos dividirmos, o desastre será o desabamento da veneranda edificação.

Desse modo, contamos com a complacência de todos os membros deste Conselho, o que não equivale dizer anuência com o que esteja errado, esforçando-nos por corrigir o que seja possível e evitar futuros comprometimentos desse gênero.

Fez uma pausa oportuna, enquanto todos os membros ouviam-no com respeito, inclusive os mais fervorosos adversários.

Utilizando-se do clima psíquico e emocional, o irmão Virgílio Almeida, telementalizado pelo benfeitor, acercou-se dos companheiros sob pressão perturbadora e, utilizando-se de recursos magnéticos, afastou os seus obsessores, que se puseram a clamar revoltados e saíram prometendo desforço.

A reunião prosseguiu em outro clima, qual se a fraternidade voltasse aos amigos, e foram tomadas providências especiais para minimizar as consequências dos problemas graves, abrindo perspectivas de soluções em médio prazo.

Terminadas as discussões e programadas as diretrizes que poderiam atender e diminuir as preocupações gerais, um ar de esperança animou-os a todos, que puderam conversar com mais serenidade e respeito pelas opiniões diversas, credoras de consideração.

Dirigimo-nos aos ambientes de atividades espirituais e pudemos participar dos labores socorristas aos desencarnados que eram trazidos para repouso e posterior transferência para as comunidades nas quais seriam internados.

Logo após, fomos visitar o departamento de assistências aos enfermos mentais e obsidiados, recordando-nos da *Casa do Caminho*, na estrada de Jope, próxima a Jerusalém, onde Pedro, Tiago e João vivenciavam o Evangelho após a ascensão do Senhor.

Como podiam atender a multidão de infelizes com os parcos recursos de que dispunham, naqueles longes dias!? Era o Psiquismo do Mestre que os sustentava e que socorria aqueles variados quadros de perturbação psíquica, de possessão, de miséria de todo porte, de enfermidades desgastantes e deformadoras, de pústulas generalizadas e de sofrimentos inenarráveis.

A presença desses apóstolos do amor e da caridade exteriorizava energias vigorosas que revitalizavam os necessitados, que lhes diminuíam as dores e as angústias do coração, proporcionando esperança de paz mesmo que após a morte.

Na atualidade, rica de conhecimentos e técnicas, porém pobre de sentimentos de fé e de abnegação, o trabalho é mais árduo porque se faz acompanhado das exigências impostas por leis, às vezes, arbitrárias, nas quais o amor cede espaço ao tecnicismo remunerado.

Nada obstante, podíamos constatar a força grandiosa do Evangelho, que elegia servidores fiéis para atender a dor na sua multiface com os recursos da oração, da ternura, da fluidoterapia, simultâneos aos reconhecidos valiosos conhecimentos científicos.

Os *dois mundos* ali se mesclavam com mais vigor, na massa de desencarnados e encarnados em luta, em socorro, em intercâmbio sob as claridades da Doutrina Espírita.

14
PROVIDÊNCIAS SALVADORAS

Toda vez quando em plena luta recebe-se suprimento de energias e orientações saudáveis, faz-se mister manter a mente nos propósitos superiores, evitando as reflexões doentias, que restabelecem o clima de morbidez anterior e atraem os comparsas do mal que se rejubilam com a situação.

Não foi isso exatamente o que aconteceu. Passados aqueles momentos de quase euforia e pacificação, um dos companheiros mais atormentados voltou aos pensamentos anteriores, considerando que, embora as boas resoluções, essas não bastavam para o reequilíbrio da Instituição. Era necessária uma atitude radical: a exoneração dos atuais diretores e nova eleição, tendo-o à frente dos destinos da Casa, sem dar-se conta do desequilíbrio de que se fazia portador.

É certo que os demais diretores não haviam agido com a segurança e correção exigíveis, mas ele também fazia parte do Conselho administrativo, e todos os erros que apontava nos outros haviam recebido a sua anuência, sendo, em consequência, também responsável.

Nesses momentos, a cegueira imposta pelo egoísmo leva as suas vítimas ao desvario e torna-as perigosas.

Novamente sob a ação de perverso adversário desencarnado, que lhe pesava na economia moral, com o qual mantinha dívida significativa e que agora se vinculava às hostes adversárias do Cristo Jesus, permaneceu remoendo comportamentos antagonistas, cultivando antipatias pessoais e confundindo-as com o falso zelo que demonstrava, o que o tornava *pedra de tropeço*. Hábil na maledicência, sabia confundir as pessoas honestas que o escutavam, com facilidade atraía os seus ouvintes menos vigilantes, e espalhando boatos desairosos sobre um e outro, insinuações perniciosas, apontava condutas que afirmava não serem compatíveis com os Estatutos do Centro Espírita nem com a Doutrina Consoladora.

Chegando ao lar, sob a pressão do inimigo que voltou a assediá-lo, pôs-se a escrever aos amigos que lhe compartiam as ideias, e estava disposto a continuar criando embaraços prejudiciais ao trabalho de restauração dos valores da Instituição.

Com a previsão de que essa maneira seria desastrosa para o labor de reequilíbrio da Obra, Dr. Bezerra de Menezes consultou o guia espiritual da Casa e organizou uma reunião mediúnica especial para atendimento exclusivo ao paciente e ao seu adversário desencarnado.

Às primeiras horas da madrugada seguinte, reunimo-nos aqueles que nos encontrávamos em tarefa especial e alguns dos servidores dedicados ao intercâmbio mediúnico.

Foi convidada com carinho e respeito a senhora Margô, viúva operosa e médium sensível, acostumada ao atendimento aos irmãos em agonia além do túmulo.

O presidente da Sociedade e mais diversos membros do Conselho foram trazidos em desdobramento pelo sono fisiológico para a sala onde se realizavam as reuniões habituais, e sob a caridosa supervisão do *médico dos pobres* e a cooperação dos abnegados companheiros, teve início a atividade socorrista.

Ao proferir comovedora exoração a Jesus, o benfeitor suplicou Suas bênçãos para o mister que seria realizado e, ato contínuo, aproximou-se do aturdido paciente que se fazia acompanhar do obsessor, deslocou-o da sua aura e o conduziu ao campo mediúnico de D. Margô.

De imediato, a abnegada sensitiva transfigurou a face, agora transformada em máscara de ódio e com a voz estentórea começou a deblaterar.

Percebia-se a ira do comunicante que fora tomado de surpresa, já que lhe não passava pela mente ocorrência desse jaez.

Depois de proferir palavras chulas, voltou-se diretamente para o benfeitor e desafiou-o com atrevimento:

— *Vocês, os discípulos do* Cordeiro, *são paradoxais. Predicam a compaixão e a ternura, a comiseração e a caridade, no entanto, agem de maneira ilícita e violenta. Como se atrevem a envolver-me nos seus laços vibratórios sem a minha anuência e trazem-me obrigatoriamente a este conciliábulo para destruir-me. Desejam repetir as façanhas ultrizes das fogueiras da Inquisição, ou que têm em mente fazer?*

Sereno e com inflexão de bondade na voz, o mentor asseverou:

— *Não lhe impusemos nossa vontade, trazendo-o a esta reunião contra o seu desejo. A nossa preocupação é atender o companheiro que lhe padece a injunção penosa e, para esse mister, tivemos que o receber. Como o amigo se lhe encontra profundamente vinculado, foi arrastado até aqui, e, tentando assenhoreá-lo, preferimos dialogar ao invés de apenas o ouvir.*

— E se eu não estiver disposto a esse diálogo, porque tenho sobejas razões para assim proceder? Não serão palavras vazias e tentativas piegas de generosidade que irão alterar o nosso convívio multissecular. Este fantoche a que se refere, e de que me utilizo, é-me de grande utilidade, na batalha que travamos contra os fanfarrões espíritas. Dizendo-se herdeiros do Evangelho, são uma burla que toma vulto, porquanto não passam de mistificadores, muito semelhantes ao que vivenciaram no passado, quando, noutra denominação religiosa, afirmavam matar por ordem de Deus. Certamente que, agora, já não se mata o corpo, mas se fere profundamente a alma, através das bem urdidas calúnias, dos campeonatos da vaidade, das disputas pelas glórias terrestres que mascaram de falsa humildade.

Veja-se, por exemplo, a derrocada em que tombam esses divulgadores da honra, que não a têm, semeadores da fraternidade, que se entredevoram, obreiros da caridade, que não respeitam o lar nem a família, sempre lutando pelas migalhas do prazer e as mesquinhezes do poder.

— Compreendemos as suas afirmações e lamentamos a realidade de algumas delas. No entanto, é necessário convir que, se não fossem também as injunções obsessivas que padecem esses nossos irmãos doentes, a paisagem seria bem diversa. Tenhamos em pauta o seu próprio caso. Utilizando-se de mágoa pessoal, já que teria sido vítima da pusilanimidade daquele que o hospeda psiquicamente, indu-lo à desordem, naturalmente aproveitando-se do seu temperamento instável e colérico, das suas más inclinações, que ainda não conseguiu superar, e dele fazendo um mau exemplo.

Todos temos os pés fincados em pântanos putrefatos, que remanescem de distantes períodos, quando os impulsos dos instintos básicos eram mais fortes do que os sentimentos elevados de amor e de fraternidade, quando a ignorância das Leis da Vida dominava as mentes e as emoções, dando ideia de que o túmulo finalizaria a existência e o ser, com dificuldades de agora ascendermos ao planalto da fé luminosa, que nos arranca das sombras dominantes.

O caro irmão e amigo, ora no mundo causal, bem sabe que ninguém consegue a glória celeste após a morte ou a harmonia antes dela, tendo débitos de consciência em relação à Vida. Disso resulta o emaranhamento entre aqueles que se permitiram comportamentos desditosos, uns exigindo resgate e outros padecendo as cobranças, mediante lamentáveis processos obsessivos, ainda pouco estudados na Terra.

O que importa, porém, é o tempo que você tem gasto em afligi-lo, permanecendo infeliz, quando já poderia dele estar liberto, embora ele tivesse que prosseguir sob o jugo da recuperação de que ninguém foge.

– Tenho que o massacrar, tornando-o inimigo de tudo e de todos, antipatizado pelo seu puritanismo hipócrita, pelas suas atitudes de muitas exigências com os demais e benignidade para com ele próprio... Depois, trabalharei a sua consciência para que desperte e, numa boa ação hipnótica, levá-lo-ei à depressão para a qual tem tendências fortes, e exultarei com o seu suicídio vergonhoso.

Aí teremos duas vitórias. A primeira delas, o exemplo de um adepto da Doutrina que diz afirmar a imortalidade, tombar no autocídio, demonstrando que, em verdade, não acreditava no que parecia viver. A segunda, o fracasso pessoal, que me dará ensejo de o receber aqui e darmos prosseguimento ao nosso combate, quando não terá como nem para onde fugir.

A um quase imperceptível sinal captado, o irmão Germano Passos acercou-se da médium e pôs-se a aplicar--lhe passes que atingissem o comunicante, que blasfemava em linguagem muito vulgar e ameaçava a sua atual vítima de extermínio.

Detalhe curioso podíamos perceber. A médium, educada e moralizada, filtrava as palavras chulas e o automatismo cerebral substituía-as por termos equivalentes, porém de menor teor ultrajante...

Todos os membros da reunião estavam comovidos e reflexionavam em torno das sutilezas da existência física. Quantas atitudes infelizes que se tomam, acreditando-se coroado de razões e sendo inspiradas por forças deletérias de seres que se comprazem em gerar conflitos de que se beneficiam? Concluíam que tudo aquilo que se passava na Instituição dedicada à caridade era resultado de uma urdidura das Trevas e de brechas morais dos seus membros, que facultaram os desastres que ora lhe abalavam os alicerces.

Sentindo-se asfixiado pelos fluidos benéficos que captava através da médium, exprobou:

— *Qualquer tentativa de afastar-me do miserando inimigo será inútil. Hei de utilizá-lo durante a campanha de destruição deste reduto de pusilânimes que vivem às custas da caridade alheia, assumindo posições de mando como os antigos cardeais da velha Igreja Romana. Afinal, não vejo qualquer mudança entre o Cristianismo atual e aquele que tanto censuram, o da Igreja de Roma. Mudaram as formas e conservaram os mecanismos de dominação estúpida das massas ignorantes. Cada membro do Conselho é um pseudossábio, arrogante e destemperado. Basta-lhe uma negativa e logo se espezinha, sentindo-se ofendido e exigindo tratamento de destaque. Onde está a verdadeira fraternidade, o amor aos pobres e malcheirosos que enxameiam em toda parte? Esta, como outras muitas, são obras de exterior para chamar a atenção, para propaganda, sem o espírito verdadeiro do amor e da caridade. Não suporto mais a dissimulação desses pusilânimes e adiro à nova ordem imposta pelos judeus injustiçados para erradicarmos da Terra essa maldita seita que é o Espiritismo.*

– Sem dúvida, o meu irmão sofisma com muita habilidade. Há, indubitavelmente, muita obra de fachada, *como vulgarmente se diz, no entanto, o número de realizações com o selo da mansidão do Cristo e os braços gentis da caridade inspirada pela fé racional, é incontável. Não podem as boas árvores ser responsabilizadas por aquelas de má qualidade, nem o trigo saudável pelo escalracho que medra junto às suas raízes, ameaçando-as.*

O bem legítimo ou aparente é sempre de responsabilidade daquele que o executa. Vejamos o seu caso: o irmão é lúcido e raciocina bem, no entanto, opta pelo caminho escuso do crime, tentando vingança na condição de justiceiro, como se o Universo necessitasse da sua intervenção para manter o equilíbrio.

Merece considerar que esses que agem de forma delituosa, realizando de uma forma e vivendo de outra, já estão praticando ação generosa e edificante, quando poderiam estar nas malhas perversas da criminalidade e da perseguição inútil aos seus ofensores. Por isso, caro amigo, o amor é a alma da mensagem de Jesus, e por mais intente ser nosso inimigo, especialmente do irmão doente a quem obsidia, não lhe seremos jamais inamistosos, lamentando o seu comportamento, a perda da oportunidade de ser feliz, de interromper esse curso de ações nefandas e injustificáveis.

Ademais, observe quantas pessoas dedicam-se à vivência da fraternidade e da ação beneficente desde que Jesus veio ter conosco. É certo que ainda estamos distantes do ideal, mas nos encontramos a caminho e oportunamente atingiremos a meta a que nos destinamos.

— Não me interessam os seus argumentos que me desviam a atenção dos objetivos da espada prestes a aplicar o golpe final no miserável.

— É o que você pensa, mas que não corresponde aos sublimes desígnios de Deus, porque o seu algoz é também filho de Deus, que se está tornando vítima, com a sua posição vingativa.

O irmão fala que foi vítima da infâmia e da crueldade, o que é verdade. Mas não se trata de uma vítima inocente. Nos arquivos da memória profunda estão registrados os nossos comportamentos. E como não temos alternativa, iremos permitir-nos levar o querido irmão a rever-se antes do momento em que padeceu a injunção lamentável.

Novamente, o irmão Germano Passos acercou-se da médium e com uma voz suave, monocórdia, começou a sugestão:

— Durma e recorde-se. Durma e recue no tempo... Durma...

Simultaneamente lhe aplicava passes longitudinais, calmantes, que pareciam desenfaixar o perispírito das lembranças atuais e induzia o Espírito a mergulhar nos arquivos mais profundos.

Foi como um raio. De imediato, o comunicante começou a debater-se e a falar desordenadamente ante o que identificava no mundo íntimo.

Por volta do século XII, em plena Idade Média, ele havia sido um judeu polonês rico que explorava as pessoas que o buscavam, necessitadas de ajuda econômica.

Avarento e destituído de sentimentos, era implacável com aqueles que lhe tomavam emprestadas somas de qualquer porte.

Aquele que hoje lhe padecia nas garras perversas havia-se enredado em negócios infelizes e não podia pagar-lhe, quando a família se encontrava em situação deplorável de miséria: fome, crianças doentes, sofrimentos... Insensível, o cobrador recorreu às autoridades que o levaram a julgamento indecente e puniram o devedor com inclemência, atirando-o num calabouço infecto, onde veio a falecer pela fome e por doenças contraídas na situação desditosa. A família, totalmente arruinada, também foi consumida pelas doenças e pela morte ao longo dos meses.

Tomado de espanto, ele gritava:

— *Não, não sou eu esse infame. Sim, sou eu mesmo, recordo-me. Era justo o que eu fazia, afinal, o empréstimo não era uma doação, e o preguiçoso não queria pagar-me tudo quanto me devia. Justo e bom, ajudei-o, mas não podia correr o risco de ficar na miséria, sem o competente retorno dos valores que lhe cedi.*

— *Considera* – interrogou o mentor – *justo o método de cobrança imposto de maneira implacável a alguém devorado pelo desespero e sem qualquer meio de ressarcimento? Fosse o contrário, e o amigo lhe fosse a vítima, como procederia? Ponha-se no lugar do outro e pense no que gostaria de receber... Ele morreu, mas não se consumiu, e o ódio que o tomou encarregou-se de o perseguir na velhice desditosa e em futura reencarnação, quando se modificaram as paisagens. Tendo o amigo renascido ainda como judeu, reencontraram-se e, por isso, a vítima lhe tomou todas as moedas que lhe motivaram a prisão injusta e decretou a sua morte infamante.*

Acredita justo que se repita indefinidamente essa complexidade de contas, vítima-algoz-vítima, ou pode interromper esse curso trágico mediante a paz que a todos fará bem e a fraternidade que os erguerá à Misericórdia de Deus, o Pai compassivo?

O nosso hipnotizador continuou por mais um pouco, com as energias dispersivas na área do *chakra frontal*, ativando-o, a fim de que as memórias fossem nítidas.

Ouvíamos as considerações do comunicante, mas também víamos aquilo que ele recordava, em verdadeiro filme cinematográfico. Cenas aberrantes ressurgiam dos painéis da memória em contínuo suceder, até o momento em que o atormentado gritou não mais suportar as evocações que o tornaram desditoso...

Os amigos reencarnados nada viam, somente ouviam os comentários do irmão aflito, sendo tomados de compaixão pelas suas dores antigas.

– *Certamente* – prosseguiu o mentor com ternura –, *os sofrimentos que foram impostos pela sua ganância a todos esses padecentes não poderiam ser por eles cobrados, porque as Leis Soberanas da Vida não permitem* justiça com as próprias mãos, *desde que ninguém escapa de si mesmo, dos seus atos, sendo hoje ou mais tarde convocado à reparação dos males praticados. Nada obstante, na sanha do desespero, mesmo inconscientemente, ele saciou a sede profunda de vingança, abrindo um poço de desgraças que continua asfixiando vidas...*

O mesmo, porém, acontece com o irmão, que não tem o direito de tornar-se árbitro em causa própria e estabelecer comportamentos perversos de falsa justiça.

O nosso amigo Germano convidou o paciente a retornar à atualidade, com a voz mansa e hipnótica.

Vimos, então, o poder do arrependimento funcionar, quando o atormentado algoz bradou:

— *Rendo-me! Não estou convencido, mas me encontro vencido. As minhas forças esgotam-se, sinto falta de ar, de equilíbrio, parece que estou morrendo novamente.*

— *Sim, meu amigo. Estão diluindo-se as formas de pensamento mantidas por séculos de hediondez. É necessário que toda essa névoa de rancor seja dissolvida para que brilhe a luz da esperança e da solidariedade.*

No momento, basta que se resolva pela mudança de comportamento e entregue-se a Jesus, o Messias do perdão e da compaixão. Ele o receberá na condição de ovelha tresmalhada que se aproxima do redil.

— *Oh! Deus de Abraão, de Isaac e de Jacó, tende misericórdia de mim!*

...E foi retirado da médium ofegante pelo generoso médico hipnólogo.

Foram aplicados recursos fluídicos na intermediária que houvera contribuído para a libertação do irmão enfermo e apresentava a fadiga natural decorrente do desgaste das forças anímicas de que era possuidora.

Logo depois, estava completamente reanimada, quando o benfeitor comunicou-se, convidando todos os presentes a uma radical mudança de conduta mental e social em relação às lutas redentoras.

— *Vivemos a hora da grande crise e vemo-la presente em todos os segmentos humanos, cada um deles assinalado por necessidades de modificação, por cujo momento duas culturas enfrentam-se: a que desaparecerá depois de muitas dores e a que se implantará renovadora e fraternal. A Humanidade está exausta das guerras intérminas, que resultam do egoísmo de minorias violentas e desequilibradas, que ainda não entenderam as nobres finalidades da existência física.*

A revelação dos imortais objetiva despertar todas as consciências para a compreensão real dos processos da evolução que ocorrem apesar das crises de toda ordem.

Toda ascensão é feita com dificuldade, e nenhuma conquista é lograda sem o contributo do sacrifício.

Todos aqueles que conhecem e que compartilham do conhecimento imortalista têm o inadiável dever de cooperar em favor do mundo melhor. A responsabilidade cristã neste momento é bem definida, qual ocorreu com os mártires que não recusaram o cálice de fel nem o testemunho com a doação da existência, a fim de que os pagãos pudessem constatar que o mundo de ilusões dilui-se ante a gloriosa imortalidade que permanece.

Todos podemos conviver afáveis, mesmo quando temos opiniões diferentes, respeitando-nos uns aos outros e colaborando juntos em favor do bem geral.

Sejam, pois, esquecidas as rivalidades impostas pelo orgulho e pela presunção, por ambições injustificáveis e distonias emocionais. A todos a morte nivela no túmulo, permanecendo diferentes os valores de que cada qual seja possuidor.

Não há outra alternativa para que a paz se estabeleça entre todos os trabalhadores do Evangelho. Cada um dispute a honra de melhor servir, de apagar-se no anonimato da compaixão pelos mais pobres e sofredores, constituindo-se demonstração da abnegação conforme o exemplo do inolvidável Mestre de Nazaré.

Em razão da presença de pessoas humildes e amantes deste nosso reduto de socorro, suas preces e preocupações chegaram ao Senhor que ouviu as suas súplicas e atendeu-as, enviando trabalhadores do Mais-alto para que fossem interrompidas as agressões das Trevas e recuperados os patrimônios de amor e de bondade para com todos.

Ninguém ruma ao abandono, sempre assistido pelas forças do bem inominado, a que se deve entregar sem exigências nem reclamações. Procurando-se entender os desígnios da Divindade, que sempre objetivam o progresso e a felicidade dos Espíritos, torna-se mais fácil a jornada e menos penosas as aflições, mesmo quando se é convidado aos resgates mais severos, o que proporciona alegria e bem-estar.

Concedei ao outro, àquele que se vos opõe, o direito de assim pensar, não se facultando, no entanto, entrar em combate ideológico por vaidade ou desejo de submetê-lo, porque a Verdade absoluta somente o Pai conhece.

Combatei, pois, o bom combate, a fim de que, terminada a vossa tarefa terrestre, possais dar conta da vossa administração, *como afirmou o Apóstolo Paulo, ao encerrar o seu luminoso périplo na carne.*

Sede gentis no lar, na rua, na comunidade religiosa e esportiva, no trabalho, onde estiverdes, pois o selo da mansidão do Cristo vos fará conhecidos e imitados.

Exoramos ao Senhor as Suas bênçãos para este e os momentos futuros, embora reconhecendo que a luta ainda não terminou, porém, agora estais com mais eficientes instrumentos para o combate em nome do bem.

Silenciou, enquanto lágrimas de emoção escorriam pelos olhos de todos nós, ali presentes.

Alguns Espíritos que se compraziam em gerar problemas na grei, igualmente haviam sido levados a participar da reunião, e, ao ouvirem as nobres orientações, não se puderam furtar à emotividade e à saudade de Jesus, o Amigo verdadeiro de todos nós.

Foi proferida a prece de encerramento, e os encarregados de conduzir os convidados aos seus lares puseram-se a caminho, deixando o santuário mergulhado em suave claridade que impregnava o ambiente.

Algumas Entidades trabalhadoras do Núcleo prosseguiam na sua azáfama, enquanto o nosso grupo retornou à sede onde nos hospedávamos.

A madrugada ainda se encontrava amortalhada nas sombras, aguardando o rosto luminoso do amanhecer.

Uma alegria silenciosa nos dominava, por constatarmos a vitória do amor em relação ao ódio, o bem em relação ao mal, e sentíamos uma gratidão impossível de ser definida, por estarmos entre aqueles que foram convidados para o labor.

Os desafios prosseguiriam, é certo, porque as lutas enrijecem as forças, mas as circunstâncias agora seriam outras e os corações estariam equipados dos recursos próprios para o trabalho de autoiluminação e de compaixão aos agressores.

15
ESCLARECIMENTOS OPORTUNOS

Havia silêncio jubiloso entre nós. No entanto, em nossa mente bailavam interrogações diversas que o benfeitor percebeu e, com muita discrição, esclareceu-nos:

— *Estamos numa guerra declarada. As forças do mal, que um dia praticamente dominaram a Terra, no período da Inquisição, e os fanáticos espirituais de antigas doutrinas que detestam Jesus uniram-se no mesmo campo de batalha, embora a diferença de convicções, contra o que consideram seu inimigo comum. Na impossibilidade de O atingirem, desenharam um plano hábil e sórdido, em relação aos cristãos novos, os espíritas, em particular, e as pessoas de bem em geral, para o combate, no qual o amor deve ser ferido de tal maneira que se converta somente numa forma vulgar de expressar sensualidade ou interesse, qual vem acontecendo. Como o amor é o sentimento mais elevado, que se sustenta na amizade, interferem no comportamento dos menos atentos, insuflam-lhes presunção e soberba que os intoxicam, e abrem brechas para as desuniões, os crimes de vária espécie, saturando a sociedade com as suas arbitrariedades e execuções hediondas.*

De tal forma a onda de violência gerada pelos ódios ancestrais e atuais se avoluma, que as pessoas forradas de bons propósitos agora cuidam de resguardar-se, de cuidar da família, de não se envolver com outros ideais que ofereçam perigo. Diminui a solidariedade e um ressentimento surdo, feito de revolta e amargura, praticamente se torna um bafio pestilento que ataca a comunidade terrestre.

A mídia, que vive e se compraz em vender alucinações e pavor, sem o menor respeito pelos sentimentos humanos, a pretexto de informar, faz verdadeira lavagem cerebral em que o mal predomina, convida os cidadãos a um alerta armado, porque ele poderá ser a próxima vítima, enquanto estimula os esportes radicais sem nenhuma consideração pela existência física, decanta os festivais alucinados de drogas e de sexo, que arrebanham centenas de milhares de jovens e adultos frustrados uns, cansados outros dos próprios excessos, e reinam o medo, a insegurança, a incerteza, o vazio existencial.

Certamente há nobres exceções, mas, na generalidade, as estatísticas do crime são assustadoras, acompanhadas de doenças intempestivas que surgem e desaparecem, que devoram vidas e ameaçam outras, viroses estranhas e particulares, em ameaças tenebrosas...

Não são, porém, estes dias, surpresa para os estudantes do Evangelho de Jesus, porque estão anunciados com detalhes nos escritos luminosos e serão tão terríveis que o Filho intercederá ao Pai para que sejam amenizados, pois que, se o não forem, quase ninguém resistirá...

Fez um silêncio oportuno, a fim de facilitar a absorção do seu conteúdo, logo prosseguindo:

– A chegada do Consolador ao planeta terrestre faz parte das promessas do Senhor, de forma que os seres contemporâneos disponham das informações seguras de como comportar-se neste momento áspero e, ao mesmo tempo, para que haja a conscientização dos valores éticos e dos deveres da solidariedade humana, única forma de sobreviver-se aos ultores acontecimentos.

– Como sabemos, mais de cinco centenas de grupos especializados em desobsessão e socorro especial encontram-se na Terra, à semelhança do nosso, sob o patrocínio da veneranda Embaixadora de Jesus que esteve conosco, convocando-nos e anunciando-nos as lutas rudes que travaríamos, todos vinculados ao amor, que é a única terapêutica para a doença do mal que existe no espírito e nele deve ser tratada.

Ainda não atingimos o clímax das dores e conflitos, mas, por outro lado, são inúmeros os resultados eficazes dos esforços empreendidos pelos trabalhadores do Além-túmulo em forma de socorro.

Algumas instituições espíritas-cristãs sitiadas e outras organizações sociais e administrativas do mundo estão em processo de recuperação, depois da eliminação de alguns focos de desonra e de ultraje. Após alterarem regulamentos mais compatíveis com as finalidades doutrinárias, econômicas e sociais, eliminaram alguns daqueles membros que eram telementalizados pelos adversários da Verdade, ou despertaram juízes nobres e sem dependência do poder totalitário e econômico, para que denunciassem imoralidades administrativas, complôs de organizações criminosas de pessoas falsamente intocáveis, levando-as ao cárcere, após confessarem os seus pantanosos comportamentos, alguns obrigados a devolver os valores desviados, originados nos subornos e ações ilícitas, praticadas com sorrisos e zombaria da honradez e da dignidade humana...

A onda de tentativa de moralização dos governantes incapazes e protegidos por negociações partidárias, demonstrando-lhes os vícios e extravagâncias administrativas com os furtos *ultramilionários, é também obra dos honoráveis Espíritos encarregados de trabalhar nesse mister, inclusive com o renascimento na carne de muitos deles especialmente capacitados para tanto...*

As autoridades, mais do que os outros indivíduos, têm o dever de comportar-se de maneira honrada, tornando-se modelos para aqueles que se lhes estão submetidos. Para isso, são muito bem remunerados, não necessitando dos expedientes reprocháveis que se permitem. Quando há corrupção nos altos escalões do mundo, os demais segmentos da sociedade contaminam-se e seguem-lhes os exemplos nefastos.

Por essa razão, os mentores da Humanidade preocupam-se com o atual estado do planeta e estão vigilantes, em constantes tentativas de alterar essa viciosa conduta, que se fez responsável pela decadência e desaparecimento de muitos impérios e civilizações do passado, após o apogeu que atingiram...

A mácula permanece, mas providências transcendentais estão sendo tomadas para que haja radical mudança dos hábitos criminosos, para a vivência dos códigos de respeito aos deveres assumidos.

Na atual conjuntura, equipes especializadas estão trabalhando com vigor, para que sejam extirpados os velhos cânceres que têm devorado o patrimônio público das nações, tornando mais difícil o prosseguimento da leviandade ultrajante e, logo mais, surgirão os primeiros frutos desta ímpar sementeira.

Novamente silenciou e, tentando penetrar em nossas interrogações, adiu:

– O atendimento especial que fizemos ao adversário do nosso irmão perturbado e perturbador, irá influir significativamente na sua conduta. O paciente despertará com algumas reminiscências da comunicação e resolverá, ainda sob inspiração superior, afastar-se do grupo para não mais criar embaraços,

enquanto os seus pensamentos e atos definirão se prefere libertar-se da injunção obsessiva ou prosseguir submetido.

A sociedade carrega muitos fardos onerosos sobre os ombros, em face da sua imaturidade espiritual e da predominância das paixões primárias. A grande maioria dos seus sicários e exploradores renasce forrada de propósitos elevados, mas, em contato com os comparsas e os antigos esquemas de crueldade, não tem tido as resistências necessárias para redimir-se, reincidindo nos desvios ultrajantes. Por sua vez, a Divindade os reenvia em expiações muito inquietantes, encarcerando-os no corpo, em silenciosas aflições e limitações aberrantes, a fim de que aprendam a valorizar a oportunidade de agir no bem. Nunca houve tanto desenvolvimento das ciências vinculadas à saúde, nem tantas problemáticas genéticas irrecuperáveis, agindo nas mentes, nas emoções e nos corpos dos calcetas e renitentes.

O que denominamos como civilização está muito distante dos padrões do respeito à Natureza e à vida em todas as suas expressões, particularmente em relação ao ser humano nas suas multifárias tentativas de autoiluminação, de crescimento moral interior.

Cabe-nos manter, no entanto, uma atitude otimista, porque Jesus comanda a grande nave terrestre, conduzindo-a ao porto de segurança, e espera que façamos a nossa parte, na condição de cooperadores por Ele convidados ao exercício do amor e da compaixão.

Aprendamos, pois, a servir sem murmurar, compreendendo que o inimigo é alguém que perdeu o próprio endereço e projeta as suas angústias e aflições no outro, naquele de quem se torna adversário, seja por heranças reencarnacionistas ou por injunção do progresso moral.

Nesse momento, adentramos o recinto que nos albergava.

A bela e expressiva edificação exteriorizava uma diáfana claridade que lhe saía do interior, expressando os reflexos do amor que ali era vivenciado, embora a crise de que estava sendo objeto.

Como havia movimentação socorrista, porque o bem não cessa de agir sempre, recolhemo-nos ao local de repouso para o necessário refazimento e reflexões.

Repousando no leito confortável, podíamos ver o céu referto de astros brilhando e propondo conquistas em relação ao infinito que a todos nos aguarda.

Indagava-me como será possível que ao adotarmos uma crença religiosa, que ensina o amor e a fraternidade, o nosso primitivismo nos leve ao absurdo da intolerância a ponto de destroçar-nos uns aos outros, devorados pelos ódios defluentes das paixões mais vis.

Estava informado de que as quase 15 mil guerras anotadas no transcurso da cultura humana, oitenta por cento delas possuíam raízes religiosas, e, ainda mais preocupante, continuam com o mesmo furor do passado distante.

Recordei-me do *mulá*, da sua extravagante comunicação e do seu rancor a Jesus, embora respeitado por Maomé, e da luta que vem travando há séculos para destruir-lhe a mensagem... Mas também da insensatez e loucura dos religiosos que, sob o comando do Papa e de sua corte, lutaram com selvageria contra os muçulmanos a ponto de tentar esmagá-los sem qualquer comiseração durante as infelizes Cruzadas. E que dizer dos cristãos denominados heréticos desde as primeiras horas, prolongando-se contra os protestantes e novos crentes, mas também vice-versa?

As lutas destruidoras entre os muçulmanos xiitas e sunitas, misturando as informações religiosas com os poderes políticos de governança terrestre, por um ou por outro grupo, não desmentem os conteúdos doutrinários cuja base é a conquista da Vida espiritual plena?

Muito distante da paz, ainda estamos, as criaturas humanas, envolvidas pelos pesados crepes dos sentimentos de desforra e das ânsias de poder no mundo relativo, com quase total olvido da imortalidade.

Fossem consideradas as vitórias terrestres experiências breves quão ilusórias e seria fácil constatar que a maior de todas é de natureza interna, a que dulcifica o ser e o torna irmão de todos os seres. Os instintos agressivos, porém, sobrepõem-se com vigor e impedem o discernimento da razão que produz o equilíbrio. Nada obstante, é nosso dever continuar anelando plenitude e laborando sem descanso, com entusiasmo para que mais rapidamente se implante o Reino dos Céus nos corações.

Somos peças importantes nesse imenso campo de ações, porque a transformação moral de cada pessoa influencia a mudança do grupo social para melhor. É inegável a vitória de Jesus no mundo anestesiado pelos sonhos que se transformam em pesadelos de poder enganoso.

A mínima parte que nos cabe é de alto significado no conjunto.

Emocionado até às lágrimas, tive a impressão de que o zimbório também vertia pranto de compaixão em torno dos seres humanos, derramando a luz prateada das estrelas sobre as sombras teimosas que permaneciam ainda na madrugada.

Adormeci, banhado de paz e de gratidão ao Senhor que nos honrava com o convite para trabalhar na Sua Vinha.

Ao despertar, sob as bênçãos do Sol radioso, a Natureza esplendia em cores e vida, em festa de inigualável magia.

Ao reunirmo-nos no momento estabelecido, fomos informados de que as nossas atividades naquele dia seriam num educandário para crianças socialmente abandonadas, sob os cuidados da prefeitura local.

Fomos visitá-lo sob o comando do nosso venerando diretor e, ao chegarmos, não pudemos sopitar a surpresa desagradável, pelo descaso dos administradores daquele reduto.

A imundície predominava, e o desinteresse dos cuidadores era patente. Iniciava-se o desjejum em ambiente tumultuado, gritaria e reclamações, palavras grosseiras e gestos brutais.

Algumas crianças malnutridas e sem higiene quase nenhuma, em quartos infectos e abarrotados, esfaimadas, inspiravam compaixão.

A mixórdia em toda parte era vergonhosa.

Encontramos algumas senhoras desencarnadas, mães de alguns internos, tentando minimizar a situação dos filhinhos, enquanto Espíritos perversos, portadores de carantonhas ameaçadoras, exploravam as poucas resistências de alguns dos pequeninos.

O nosso objetivo, porém, era um funcionário de aproximados 40 anos, que explorava sexualmente crianças masculinas, por sua vez vampirizado por hediondo desencarnado.

Denunciado, mais de uma vez, por algumas vítimas, não havia sido chamado a depoimento sequer, nem afastado do cargo em que se comprazia, em razão do protetor político que lhe interferia a favor.

Nesse ambiente hostil e destruidor de vidas, laborava uma jovem servidora social que se esfalfava para tornar melhor o ambiente, movimentando recursos e pessoas para auxiliar a Instituição desprestigiada, sempre atenta à vigilância em relação ao pedófilo e suas vítimas.

Espírita dedicada, orava sempre ao Senhor pedindo socorro para aquelas avezitas implumes atiradas ao abandono coletivo.

Na sua última súplica dirigida ao Dr. Bezerra de Menezes, pedia inspiração para interromper o curso criminoso do réprobo funcionário, temido pelas crianças assustadas.

Captado o seu pedido, o benfeitor convocou-nos ao atendimento e ali nos encontrávamos compadecidos, a fim de auxiliá-la.

Quando ela chegou ao internato, produziu uma alegria diferente entre as crianças e alguns auxiliares mais modestos.

Tomou providências a respeito do asseio de um bom número, enquanto preparava algumas para as aulas que tinham lugar ali mesmo, ao tempo em que transmitia instruções para preservar a higiene do refeitório.

Nessa azáfama, notou a falta de um garotinho de aproximados 5 anos, que vinha, nos últimos tempos, manifestando muita tristeza e buscava fugir do seu e do contato com as demais pessoas.

Preocupada que lhe houvesse acontecido algo, saiu a buscá-lo nos dormitórios, no pátio, quando o benfeitor acercou-se-lhe, induziu-a a seguir na direção de uma sala pouco usada.

Ao aproximar-se, experimentou peculiar emoção que a tomou de imediato, uma intuição do que estaria acontecendo no seu interior.

Abriu a porta de inopino e surpreendeu o nefando explorador usando a criança que chorava apavorada, enquanto o seu sicário a ameaçava de punição, totalmente dominado pela volúpia da sua loucura.

A cena foi terrível! Não se podendo conter pelo choque sofrido, pôs-se a gritar, atraindo a atenção de outros servidores e crianças, que seriam as testemunhas do infame comportamento do adulto inescrupuloso.

Ele tentou agredi-la, ameaçando-a e denominando-a de caluniadora ante o espanto de todos e o terror da criança que a abraçou, procurando socorro e proteção.

Ante o fato escandaloso, o mentor transmitiu-lhe energias reequilibrantes e, embora trêmula, diante dos que haviam acorrido à sala do crime, falou com voz enérgica:

— *Desta vez não, bandido! Você não se escusará, fugindo à responsabilidade, e será julgado e condenado pelos seus crimes hediondos. Aqui estão as testemunhas e as vítimas que iremos submeter a exames médicos que dirão a verdade que vem conseguindo ocultar com cinismo.*

A altercação que se fez com acusações de outros funcionários atraídos ao ambiente logo ultrapassou as paredes da instituição, despertando o interesse de passantes, enquanto alguém com mais expediente telefonou à polícia, e antes que o relapso fugisse, ou que fosse linchado pelos violentos externos, revoltados com o acontecimento, chegou um carro da Ronda que tomou apontamentos ligeiros da ocorrência e conduziu o criminoso à reclusão.

De imediato, jornais, rádio e televisão, que nunca se preocuparam em visitar o local, a fim de auxiliar na melhor condução, acercaram-se da entidade que vivia em quase total abandono, e o acontecimento infeliz tornou-se o assunto daqueles dias sucessivos.

O serviço social da prefeitura, alertado, tentou maquilar a Casa, tomando providências rápidas para diminuir a situação de desprezo que existia, fazendo promessas de modificar as estruturas do edifício e os métodos de educação das crianças ali residentes.

O benfeitor, embora lamentando a forma em que ocorreu o fato, agradeceu a Deus a Sua interferência, eliminando um foco de degradação e criminalidade, que pervertia as crianças sofredoras e malsinava-lhes o futuro.

No tumulto estabelecido, nas providências apressadas para diminuir a responsabilidade dos envolvidos, algumas crianças foram transferidas para outras instituições, a fim de diminuir o excesso, produzindo muita aflição, que buscamos acalmar com os recursos ao nosso alcance.

A cidade foi sacudida pelos comentários da frivolidade, sem que reais providências fossem tomadas pelas autoridades e pelo próprio povo para evitar ocorrências de tal porte, sendo um fenômeno a mais no dia a dia, que logo passaria a plano secundário, assim que sucedesse algo semelhante ou de pior efeito moral, a que se estava acostumado.

Apesar da indiferença humana, a verdade é que nenhuma rogativa ao Senhor da Vida, quando feita com a alma em unção e fé, permanece sem atendimento, pois que não faltam emissários do bem que se encarregam de acorrer pressurosos e afáveis.

– *O escândalo, disse Jesus, é preciso, mas ai do escandaloso!*

Tendo em vista a gravidade do mal, como um câncer, outra alternativa não havia, senão aquela que desmascarava o farsante e aproveitador, que responderia, a partir daquele instante, pela hediondez que se permitiu por alguns anos, sob as vistas complacentes da corrupção vigente em toda parte.

Amparada espiritualmente, a jovem servidora social foi chamada a prestar depoimento na Delegacia de Amparo à Infância e à Juventude, iniciando-se o processo contra o infrator que, embora casado e pai de família, era um delinquente impiedoso...

Infelizmente, a pedofilia é crime terrível, embora nem sempre reconhecida pelas leis, mas, segundo a Organização Mundial da Saúde, é enfermidade da alma que grassa na sociedade, ora acobertada por legislações indignas, ora como recurso de atendimento a doentes tresvariados, que não tergiversam em entregar-se ao nefando comércio. São considerados como crimes os atos praticados pelos pedófilos, quais a libidinagem e a ação sexual com crianças, pré-púberes e adolescentes...

Nos países pobres e em regiões miseráveis daqueles que desfrutam de poder econômico, pais insensíveis e sofredores vendem os filhos ainda crianças para o vil comércio da prostituição, ficando, alguns desses, célebres e próprios para o denominado turismo sexual infantil, sob o olhar complacente de transgressores inescrupulosos e sem alma.

Já existem leis severas e punições graves em muitos países civilizados, sendo um crime tão horrendo que, nas penitenciárias para onde são enviados os seus condenados, é necessária muita vigilância para que não sejam assassinados por outros criminosos que se rebelam contra a aberração.

16
OS DESAFIOS E AS SOLUÇÕES

Permanecemos no lar infantil auxiliando generosos benfeitores espirituais que contribuíam em favor dos residentes, mesmo sob as lamentáveis condições, realizando um trabalho de limpeza psíquica com destruição das larvas mentais e dos clichês de pensamentos injuriosos que empestavam o ambiente.

Lugares existem onde a negligência campeia, que se transformam em verdadeiros pântanos psíquicos, mas, mesmo aí, sempre luz a Misericórdia do Céu, que se esparze por todo o Universo, e não faltam Espíritos gentis que se candidatam a servir nos mais escusos e hediondos. Bordéis, antros de perversão, clubes de degradação, bares de alcoólicos e infectos recintos onde se homiziam criminosos, ou elegantes cassinos e restaurantes que servem de veículo para *lavagem de dinheiro*, mas que sediam máfias cruéis e organizações poderosas, todos são laboratórios de experiências evolutivas para Espíritos compadecidos das misérias humanas que, tocados pelo Evangelho de Jesus, doam-se como samaritanos anônimos, aguardando momentos que os podem auxiliar no despertamento das consciências obnubiladas pelo vício e pelo crime malsinado, sem cansaço nem rebeldia, tendo compaixão dos que mergulham no terrível fosso.

Jovens sonhadores, maltratados no lar e pela sociedade, manipulados por quadrilhas de escravos sexuais, ambiciosos para conseguir um *lugar ao Sol*, diariamente são arrebanhados como presas fáceis e atirados às ruas, aos sórdidos recantos, onde se tornam *carne à venda*, até que se lhes exaurem as forças e sucumbem ante as imposições inenarráveis dos seus carrascos impenitentes. Diferente destino também é reservado àqueles que servem aos viciados ricos e exigentes, igualmente sem escrúpulos, atendendo as suas quase inconcebíveis patologias. Flores juvenis que emurchecem com rapidez, ante o desgaste dos exageros que se permitem, maturidades que envelhecem sob os vapores tóxicos da perversão, idosos que sucumbem antes do tempo, dominados pela volúpia dos desejos irrefreados e insatisfeitos, todos recebem os influxos do bem e do amor, embora nem sempre os registem na exaustão ou ansiedade em que se atormentam...

O Pastor zela por todas as Suas ovelhas e vai buscá-las, quando se extraviam nos ínvios caminhos, nunca cedendo ao seu tresmalhar. Sabe esperar, porque conhece o aguilhão da dor, que repõe na senda todo aquele que se extravia.

A finalidade da reencarnação é a conquista do progresso, nunca sendo permitida qualquer forma de regressão às imperfeições, mesmo quando são ampliados os débitos pela insensatez e por desmandos.

Dispondo dos meios educativos de redenção, o Senhor oferece sempre novas oportunidades de refazimento ao infrator, até o momento em que o Espírito se impõe o cárcere da expiação, a fim de aprender e optar pelo que é melhor para a sua conquista de plenitude. Quando exausto de sofrer, sem qualquer outra alternativa, apela para a Misericórdia Celeste e é atendido longamente no carreiro da aflição.

Quando o ser humano compreender que *viver* é fenômeno biológico, *viver bem* é conquista de prazer, mas *bem viver* é conforme as Leis de Deus, que se lhe encontram ínsitas na consciência, avançará com maior rapidez pela trilha do amor e da caridade, as vias que levam à *porta estreita da salvação*.

Todo o dia foi dedicado à renovação da psicosfera ambiental, o que diminuiu o impacto do escuso acontecimento.

Embora as marcas morais pesadas que ficariam por algum tempo, não faltaram pessoas gentis que ignoravam a situação deplorável da Instituição, oferecendo-se para auxiliar de alguma forma as crianças internadas.

Os benfeitores inspiraram aqueles portadores de melhores propósitos a que se vinculassem em pequenas ações, oferecendo-se para receber uma ou mais crianças no fim de semana, retirando-as do recinto e levando-as ao seu lar como prêmio pela conduta, pelos estudos, pelas necessidades.

Alguns servidores já desencantados sentiram o impacto e, de alguma forma, despertaram para a responsabilidade de contribuir com mais respeito e interesse, pois que, para tanto, eram remunerados, e, ademais, os sentimentos vigentes lhes reprochavam na consciência agora desperta pela indiferença e revolta com que trabalhavam. Quando o mal cresce, é porque encontra campo propiciatório, não se podendo acusar os outros, sem a parcela da própria responsabilidade.

Ao entardecer, após a última refeição, embora o rebuliço que movimentou o ambiente durante todo o dia, algumas Entidades infelizes haviam sido recambiadas para outros lugares, funcionários negligentes alertaram-se e a jovem dedicada foi cercada de carinho, proposta para administradora provisória enquanto se tomavam providências novas em razão da demissão automática daquela que raramente lá comparecia.

Encerrando o nosso labor, quando a noite desceu suavemente, Dr. Bezerra reuniu-nos sob uma árvore frondosa e orou muito emocionado, agradecendo a Jesus as Suas bênçãos e proteção, ao mesmo tempo em que suplicou apoio para aquele Lar que iria tomar forma de reduto familiar e não mais de presídio onde se atiravam as vítimas da sociedade e as abandonavam.

Ante o brilho das estrelas, retornamos à nossa sede, onde nos aguardavam atividades mais complexas, pois que fomos informados de que se preparava uma invasão das forças do mal para aquela noite.

Demo-nos conta de que um mês havia transcorrido desde que chegáramos àquela nobre Sociedade para o labor de cristianização dos membros que se haviam desviado da trilha do Evangelho, seduzidos pelas vãs imposições mundanas.

Inúmeras outras atividades haviam-nos chamado a atenção fora das que vimos relatando, todas vinculadas ao programa de cristianização das criaturas humanas e de devotamento aos valores éticos propostos pelo Espiritismo.

Não raro, após o entusiasmo inicial que toma conta do candidato em qualquer área de idealismo, ocorre uma diminuição da chama vigorosa da alegria e não poucos se sentem desestimulados, tornam-se críticos amargos, tomam conhecimento da realidade que esmaece os sonhos e as fantasias ou o abandonam.

De igual maneira, descuidam-se dos objetivos essenciais e permanecem na superfície da proposta inicial, procurando desvios que atendam aos interesses imediatos, diversões que sirvam de complemento ao trabalho.

É nesse período que a vigilância decresce e surgem as influências perturbadoras, tanto do Mais-além como da convivência fraternal.

O que antes eram jovialidade e encantamento, agora são rotina e desmotivação, mesclando os compromissos assumidos com os novos comportamentos.

Desse modo, as infiltrações perigosas haviam penetrado em venerandas instituições espíritas, que passaram a permitir-se assimilações perigosas com a introdução de métodos exóticos, de teorias fantasiosas, de propostas sem bases doutrinárias, algumas chegando ao absurdo de acreditar que a Codificação Kardequiana e o Pensamento cristão já se encontram ultrapassados por novas conquistas do conhecimento, mais portadoras de leviandades que de respeito aos elevados deveres da fé raciocinada.

O cumprimento do programa espírita exige seriedade e vivência austeras, porque constituem o compromisso que resulta do conhecimento da realidade do Espírito e suas implicações à existência corporal.

Nesse caso, os Espíritos que se propunham a dificultar a obra evangélica entre as criaturas, trabalhavam os pontos morais vulneráveis dos adeptos mais frágeis ou mais presunçosos para desviá-los das diretrizes básicas, gerando fanatismos nuns ou comodidades noutros.

Ante esse comportamento, não nos eram poupados esforços, em visitas a umas e outras sociedades, promovendo reuniões com os mentores desencarnados e os trabalhadores sinceros, tomando providências para que se voltasse à simplicidade inicial conforme se encontra exarada no Pentateuco Kardequiano e no Evangelho de Jesus.

Todo o nosso empenho consiste em trazer de volta a vivência do *Modelo e Guia* da Humanidade, a fim de que se instaure na Terra, quanto antes, o Reino dos Céus por Ele proposto e vivido.

Sempre nos reportamos em nossas narrativas, na presente obra, aos labores mais significativos e que possam ser úteis aos sinceros estudiosos do Espiritismo, especialmente àqueles que se dedicam à sua vivência sem apêndices nem bengalas psicológicas desnecessárias.

O Espiritismo é uma âncora de segurança para a barca da fé na imortalidade, e fora dela são bem pouco seguros os instrumentos reveladores da continuidade da vida após o túmulo, pois que é, sem dúvida, o *Consolador* que Jesus prometeu.

Ante a perspectiva dos novos serviços, uma radiosa alegria dominou-nos a todos. A expectativa em torno do trabalho específico de desobsessão coletiva, sempre desafiador, pôs-nos em atitude propiciatória à sua execução.

Pouco antes das 20h, o irmão Elvídio convidou-nos a um encontro, em cuja oportunidade explicou que os discípulos do *mulá* e alguns rebeldes judeus haviam concertado um plano de ataque às instalações que nos albergavam, utilizando-se de um hábil estratagema.

Pouco distante da sede das nossas atividades, havia uma espécie de *Cracolândia*, onde se encontravam adolescentes viciados, adultos sem-teto, traficantes inescrupulosos, ébrios contumazes sob a falsa vigilância de alguns policiais inescrupulosos que também os exploravam com propinas, para deixá-los à vontade... Era um lugar perigoso, porque os seus membros encontravam-se em lamentável estado de degradação da saúde sob qualquer aspecto considerado. Alguns eram verdadeiros fantasmas desfigurados, outros haviam perdido o equilíbrio emocional e ficavam atirados ao chão entre uma e outra dose mais devoradora. Os passantes, não poucas vezes, mesmo evitando qualquer aproximação, eram insultados ou agredidos...

O vampirismo espiritual ali reinava soberano, mediante o qual não se saberia dizer qual o mais infeliz e dependente, se o ser reencarnado ou o seu explorador psíquico, que se acoplava de maneira a absorver-lhe todas as energias e vapores eliminados pela drogadição.

Para que culminassem o atrevimento, reuniram alguns hábeis obsessores que se misturaram com os dependentes viciados e estavam telementalizando-os para um ataque massivo durante a reunião doutrinária, com objetivos de furto e pânico entre os frequentadores. Uns oito a dez doentes, naquele momento, seguiam em direção ao edifício, guiados por um terrível algoz desencarnado que viera diretamente das *Furnas* onde se acolhia.

O diretor espiritual havia inspirado o presidente da Casa, o irmão Ovídio, para que reforçasse as defesas do salão, colocando vigilantes cuidadosos, e que estivessem prontos à interferência tranquila ao primeiro movimento de perturbação, ou mesmo evitando que os agressores se adentrassem no recinto.

Convidou-nos a dirigir-nos à sala de conferências, onde seria estudado, naquela noite, o Capítulo XIII de *O Evangelho segundo o Espiritismo – Não saiba a vossa mão esquerda o que dê a vossa mão direita*, o item *Fazer o bem sem ostentação*.

A expositora era a irmã Vicenza, a médium devotada, cuja existência constituía um verdadeiro patrimônio evangélico, graças às suas renúncias, abnegação e devotamento ao bem, na ação luminífera da caridade.

Buscamos o recinto formoso e acomodamo-nos próximos à mesa de trabalhos, onde se encontravam o irmão Ovídio, a convidada e mais dois membros diretores da Instituição.

O mentor encontrava-se à porta de entrada do salão aguardando os enfermos espirituais ao lado dos companheiros encarnados e de alguns generosos trabalhadores desencarnados também a postos.

Quando a devotada cristã começou a falar, em menos de dez minutos, mantendo todas as atenções nela concentradas, ouvimos um barulho ensurdecedor que vinha do exterior, e a um sinal do benfeitor dirigimo-nos à porta central de onde deparamos com uma cena terrificante: em uma nuvem escura de descargas mentais viciosas e de baixíssimo teor, nela se movimentando diversos indivíduos profundamente desgastados e vampirizados que altercavam em altas vozes, sob os acicates dos Espíritos vis. Outros desocupados, sem saberem o de que se tratava, acompanhavam-nos. À frente vinha o indigitado instigador e comandante que parecia controlar a turba meio alucinada. Alguns pacientes estavam em estado de consciência alterada, outros quase hebetados e mais outros vociferavam erguendo os pulsos em atitude agressiva.

Providencialmente, já nos degraus de acesso à porta, ela foi cerrada e alguns lidadores do bem enfrentaram a turba com palavras mansas, mas claras, e definidoras de ação.

Um jovem tomado pelo vingador, trazendo na mão uma acha de lenha, avançou em comportamento de violência, blasfemando e contorcendo-se de desespero, sendo detido por um dos vigilantes que o segurou com energia, evitando machucá-lo, mas também não ser ferido.

Ante a defesa bem organizada, os aturdidos debandaram em gritaria, prometendo retorno logo que fosse possível, ficando a área impregnada de fluidos deletérios, que seriam diluídos logo depois.

Não fossem as medidas de precaução, teríamos sofrido uma invasão de resultados dolorosos, com prejuízos financeiros, morais e espirituais.

Algumas pessoas na sala perceberam a movimentação no exterior, mas mantiveram-se em equilíbrio, por saberem que as providências compatíveis estavam sendo tomadas e tudo terminaria em paz, como realmente aconteceu.

Curiosamente, alguns dos obsessores dos pacientes drogados permaneceram em frente à entrada, estremunhados e tendo à frente o indigitado chefe que retornou à carga, sem a vítima encarnada. E porque as defesas espirituais estivessem cuidadosamente carregadas de energia que lhes dificultavam a entrada, o irmão Elvídio abriu um corredor vibratório por onde se adentraram como se fora uma conquista deles, incapazes de retroceder, ali permanecendo enquanto a expositora falava sobre a caridade para com os infelizes e perturbadores, os inimigos do bem...

A reunião prosseguiu em clima de harmonia e a oradora, muito inspirada, pôde ser bem entendida pelos ouvintes que tiveram os corações confortados pelas doces esperanças do Evangelho. De imediato, foram aplicados passes coletivos na assistência, e os trabalhos foram encerrados sem qualquer alteração prejudicial.

Pairavam no ambiente peculiares vibrações que denotavam agitação inabitual.

Após a tentativa de invasão fracassada, percebemos que verdadeira horda de Espíritos belicosos cercava o edifício.

As barreiras vibratórias de segurança encontravam-se reforçadas, e observamos que Entidades operosas movimentavam-se sob ordens superiores que as orientavam.

O nobre irmão Macário fora informado de que aquela seria uma ocasião especial e resolveu, em conciliábulo com o nosso mentor e o irmão Elvídio, trazer à comunicação o *mulá*, com quem já fora mantido diálogo anteriormente e que ali estava desde horas antes, aguardando em sala especial, sob pesada carga sonífera por hipnose.

Os chefes dos grupos perturbadores anotaram os prejuízos decorrentes das agressões malsucedidas em inúmeros grupamentos de diferentes cidades, nos quais vinham exercendo a interferência prejudicial.

O intento de desmoralizar Jesus e a Sua doutrina através da fragilidade de alguns dos Seus discípulos era suplantado pela força da fé de novos servidores abnegados, responsáveis pela revitalização das células evangélicas de várias denominações que se multiplicavam no planeta, especialmente aquelas sob a responsabilidade de *o Consolador*.

Haviam percebido a ação das caravanas do Mais-além que robusteciam os lutadores cansados e sintonizavam com os servidores fiéis.

O Senhor jamais deixou a sós aqueles que se Lhe entregaram em manifestação de amor.

Convidados pelo benfeitor a uma reunião prévia na sala mediúnica, às primeiras horas do amanhecer, tendo presentes inúmeros seareiros reencarnados que mourejavam na Sociedade e aqueles outros do nosso campo vibratório, ouvimos o mártir do passado na sua exoração:

– *Irmãos queridos!*

A hora urge! Os acontecimentos funestos que enlutaram a Terra no começo do século, através dos atos de terrorismo coletivo e individual foram trabalhados nas Esferas espirituais inferiores e transferidos para o mundo físico.

Um dos seus chefes reencarnou-se tempos antes com a infamante tarefa de estarrecer o planeta com a sua hediondez e insensibilidade, sob tenebroso comando das Trevas de que participava...

A Providência Divina inspirou as reações internacionais e deu-se início, tempos depois, à Primavera Árabe, *mas, os reclamos do ódio dos alucinados pelo fanatismo incendiaram o Oriente e ameaçam o Ocidente com as labaredas destrutivas que a tudo devoram, infelicitando milhões de desafortunados expulsos das suas terras e fugindo para acampamentos hórridos, em resgates ultrajantes. Todavia, o Senhor vela por todos e a questão vem merecendo compaixão e misericórdia, neste processo de depuração do planeta em transição.*

A Humanidade defronta, mais uma vez, um dos seus graves momentos históricos, porque a volúpia dos enlouquecidos tem por meta, não a defesa de um ideal, mas a sede do crime hediondo, das mortes aparvalhantes para submeterem pelo horror a sociedade estarrecida.

Os benfeitores da Humanidade reuniram-se sob as bênçãos de Jesus para que Ele interviesse como de outras vezes, antes que a onda de crueza atingisse níveis dantes jamais alcançados.

E o Senhor os atendeu, dominado por incomparável compaixão pelos atuais algozes dos seus irmãos.

Ainda verteremos muito pranto antes que as nuvens carregadas de rancor cedam lugar ao sol da fraternidade.

Trabalhando com acendrado carinho e sacrifício, as falanges da luz, além de amparar os perversos em luta, reencarnam-se em massa para a grande e final batalha que será travada no mundo físico...

O Senhor confia em nosso humilde contributo, em nossa dedicação. Logo mais estaremos dialogando com o nosso inditoso irmão, concluindo uma etapa de alta significação.

Confiemos!

Todos nos encontrávamos visivelmente emocionados.

Pequenos obreiros que nos reconhecíamos ser, não compreendíamos que a humílima atividade a que nos vinculávamos teria repercussão mais significativa e de alguma relevância.

Eram menos de 2h da manhã, quando o irmão Elvídio proferiu a prece de abertura da reunião.

À mesa, além dele, do presidente Ovídio, os médiuns abnegados em clima de concentração profunda, aguardavam.

Dr. Bezerra de Menezes, pessoalmente, conduziu com dois enfermeiros o *mulá*, que, atraído pela senhora Vicenza, incorporou-a com facilidade, despertando em seguida.

Surpreso, exclamou:

– *Novamente? Que desejais de mim? Como vos atrevestes a deter-me contra a minha vontade em vosso antro? Como prosseguis traidores e brutais!*

Com serenidade afetuosa, o venerando Macário respondeu-lhe:

— *O nobre* mulá *aqui se encontra por vontade própria, desde que veio anteriormente em atitude agressiva contra o labor de Jesus Cristo.*

— *E continuo no mesmo e firme propósito.* O Cordeiro tem que ser novamente imolado para a verdadeira glória de Alá. Investimos séculos de trabalho e organização para desforçarmo-nos da crueldade que sofremos e para a implantação da fé muçulmana no mundo.

— *Com qual objetivo, meu irmão? Jesus reina em milhões de vidas e qualquer tentativa de anulá-lO não passa de vão delírio. Ele tem aplicado em nós milhões de anos de expectativa, de amor e de paciência...*

— *Mohammed é o Profeta e Alá é o Senhor!*

— *Não me parece verdadeiro, porque entre vós, os xiitas e sunitas, Alá parece dividido, já que vos matais uns aos outros em carnificinas inconcebíveis. Por que tanto ódio vos separa?*

— O mesmo que a vós divide em nome do Cristianismo. Quantas denominações pretendem a posse da verdade de que Ele teria sido o portador? Por que a maldita Inquisição, a perseguição aos hereges?

Havia ressentimento e rancor na resposta.

— *No passado, quando medrava a ignorância, mãe do egoísmo e da presunção, as criaturas atribuíam-se valores que exorbitavam, supondo-se capazes de administrar o Reino dos Céus, embora na vilegiatura carnal. Utilizavam-se da fé religiosa como instrumento político para o poder enganoso, porque a morte sempre as surpreendia quando esperavam o desfrutar das glórias, transferidas para regiões de ultrajantes sofrimentos, onde se demoravam por tempo indeterminado que lhes parecia eterno... Infelizmente, a embriaguez da carne ainda mantém na atualidade um número expressivo nas mesmas condições, redundando em dores inenarráveis, porque ninguém consegue anestesiar a consciência indefinidamente e as Leis que vigem no Universo impõem-se com rigor, cobrando respeito aos seus frágeis infratores. As urdiduras das intrigas e das calúnias de resultados eficientes no mundo das paixões são desmascaradas pela realidade, e somente os valores do bem têm vigência para a conquista da harmonia interior, fundamental para a plenitude.*

– Pouco me interessam as suas reflexões... As armas ainda são os mais eficientes recursos para submeter as criaturas rebeldes ao talante do que desejamos. Não acreditamos na solidariedade que se desfaz ante o dinheiro farto nem na honra que se perverte com facilidade. Aprendemos com o Profeta Sereníssimo que o Islã há de dominar o mundo, que deve ser desprezado para o deleite após a morte, no paraíso de gozos infinitos.

– Pelo que posso deduzir, o nobre mulá, *embora havendo sido vítima, conforme proclama, não encontrou o Paraíso de sensualidade, de glutoneria, de paixões humanas e servis, antes, pelo contrário, contorce-se nas vascas da agonia, nos tormentos do ódio... Onde tem estado durante todo esse período a partir do momento em que foi massacrado, no século XVI? Certamente, conforme o Corão, no Inferno de dores inenarráveis, havendo atravessado algumas das suas sete portas e detendo-se em alguma área de revolta e desespero.*

Jesus, porém, oferece-nos um paraíso de harmonia e de progresso, de beleza, onde o amor transcende as falsas necessidades da organização somática, não havendo ambições de cobiça nem sede de prazeres. Isso, no entanto, será conquistado durante a jornada pelo mundo físico, através da serenidade e da compaixão pelo próximo de qualquer origem, crença, condição social ou econômica. A Lei de Amor vige poderosa porque sustenta o Cosmo, pois que o Pai é Amor.

Enquanto isso, o Espírito em estado de alucinação, por sentir-se impossibilitado de maltratar a médium, eliminando fluidos morbosos, retorcia-se na aparelhagem ultrassensível da abnegada missionária.

No seu tormento, que inspirava compaixão, passou a emitir sons estranhos que poderiam ser frases num dialeto próximo ao idioma árabe.

Foi então que o irmão Macário exorou o socorro do Mestre Compadecido e, nesse momento, uma Entidade veneranda desceu e condensou-se no recinto, irradiando claridades diamantinas, e com respeito dirigiu-se ao rebelde:

– *Ibn Said, louvado seja o Pai Misericordioso e Único.*

A voz possuía a doçura do amor, e a expressão dos olhos e da face exteriorizava-se em suave luz que envolveu o comunicante, que não pôde ocultar a surpresa, e gritou em pranto convulsivo:

– *Santo* Imame,[2] *como vindes ao Inferno buscar-me, desgraçado que sou e esquecido de Alá como estou?*

– *O Excelso Criador nunca olvida de nenhum daqueles que gerou... Tu não és desgraçado, estás somente dominado pelo mal que passou a morar nos teus sentimentos, empurrando-te para longe d'Aquele que é a própria Vida.*

Venho buscar-te, para que descubras que somente há um Deus, pouco Lhe importando o nome, e a Sua mensagem é o amor vivo que um dia governará a Terra, logo passem as tempestades dos ódios e das humanas paixões.

---

[2] *Imame*: autoridade religiosa da doutrina muçulmana, que significa textualmente *aquele que guia, aquele que seleciona, que está à frente* (nota do autor espiritual).

És sincero na tua fé e equivocado na sua interpretação. Hoje sei que Jesus reina soberano, e que Mohammed é também Seu profeta, que exorbitou quando se viu perseguido por aqueles que não aceitaram o Corão quando ele começou a distendê-lo pelo mundo árabe de então, havendo, assim, recorrido à guerra, quando era emissário da paz. É sempre assim que acontece a falência de alguns missionários, quando olvidam que estão a serviço do Senhor e não da própria vontade, desejando implantar a mensagem na sua hora e não quando as circunstâncias o permitirem.

Jesus foi o único a submeter-se totalmente à vontade do Pai Celestial, tornando-se o exemplo máximo de fidelidade.

Não recalcitres mais contra o aguilhão!

O Espírito, estremunhado, em pranto volumoso, foi retirado da aparelhagem mediúnica de dona Vicenza e conduzido pelo nobre Espírito em estado de adormecimento.

Com um sorriso delicado de profundo sentido, o *Imame* afastou-se conduzindo o seu fardo leve, após trocar um olhar significativo com o irmão Macário.

Diversas Entidades muçulmanas que haviam ficado retidas na sala de conferências e haviam sido transferidas para a mediúnica, sob a aura luminescente do Embaixador espiritual seguiram-no empós, arrastadas pelo seu magnetismo.

Suaves harmonias perpassavam no ar com um delicado e agradável perfume.

Todos nos encontrávamos emocionados, com lágrimas escorrendo como bálsamo sobre as faces.

O irmão Macário solicitou ao benfeitor que a reunião fosse encerrada, porque outros labores deveriam ter lugar em seguida.

Perturbações espirituais

A prece com toda a unção foi proferida e, após o término, os convidados foram reconduzidos aos seus lares, enquanto os desencarnados retomavam as atividades pertinentes.

Olhei o relógio da sala e anotei que se havia passado apenas uma hora, que respondia por gloriosa vitória de Jesus sobre o mal que ainda predomina no mundo.

Em poucos minutos, estávamos os membros do nosso grupo, o irmão Macário e os mentores da Sociedade atendendo aos irmãos em sofrimento, ali acolhidos para posterior transferência para os nossos Centros socorristas na Colônia Redenção.

17
CONCLUINDO O TRABALHO

Novos compromissos invitavam-nos a diferentes instituições e cidades diversas, nas quais as forças do mal se haviam instalado por invigilância dos seus membros.

Descuidados em relação à alta responsabilidade resultante do conhecimento espírita, muitos adeptos da sã doutrina haviam negligenciado as responsabilidades que lhes diziam respeito, abandonando-as sob pretextos injustificáveis, entre eles as ditas necessidades de assumirem novos programas remunerados para atender as imposições existenciais, acusações de desencanto com outros companheiros, em total olvido que Jesus é o único Mestre e modelo, não tendo indicado ninguém para ser acompanhado, exceto Ele mesmo... Outros, ainda mais insensatos, aturdidos pelos seus conflitos, passaram a transformar o Centro Espírita em clube de divertimentos ou em palco para ocultar as frustrações, exibindo pantomimas ou discursos de complicada terminologia, em esquecimento do objetivo de evangelização das massas atormentadas que lá acorrem em busca de conforto moral e segurança espiritual.

Inevitavelmente, as brigas internas pelo poder – que falso poder! –, as discussões intermináveis por questiúnculas de nenhuma importância, a que a presunção atribui alto significado, as censuras e maledicências foram substituindo as conversações edificantes e o alto nível dos valores doutrinários passou a plano secundário, ensejando as invasões perniciosas dos Espíritos frívolos e odientos que ora conspiram contra a legítima cristianização da sociedade.

Tendo o Espiritismo como instrumento a mediunidade para a demonstração da imortalidade do ser, qual ocorria entre os apóstolos e os primeiros mártires do passado, o fenômeno foi-se transformando em motivo de exibição, com demonstrações adrede programadas para atrair espectadores nem sempre interessados na sua seriedade, e tornou-se um troféu para o fascínio nos palcos e nos espetáculos beneficentes. Nesse capítulo, também a literatura mediúnica experimentou a presença da vulgaridade e do aventureirismo, transformando-se em objeto de comercialização sob pretextos nem sempre verdadeiros, gerando confusões entre os candidatos pouco informados.

Não pretendemos arrolar referências menos dignas, mas não nos é lícito deixar de referir-nos aos motivos de perturbação que passaram a gerar incompreensões e problemas no coração dos servidores fiéis.

O Espiritismo é bênção do Céu que se esparze sobre a Terra sofrida em resposta aos apelos afligentes daqueles que sofrem e anelam pela saúde e pela paz. Quais estrelas luminíferas que descem do zimbório para diminuir a escuridão da noite, os Espíritos elevados vêm tentando instaurar o primado da harmonia entre os seres humanos em nome de Jesus descrucificado.

Os hábitos doentios de muitos adeptos que os não superaram, preservando-os e mantendo-os nos seus relacionamentos tumultuados, vêm descaracterizando as instituições criadas para albergar a esperança e o conforto moral, colocando-os ao alcance dos necessitados de todo tipo. Ao invés da singeleza e da fraternidade, formam-se grupelhos fechados, nos quais se disputam as indumentárias elegantes em verdadeiros desfiles de vaidade, de alguma forma humilhando aqueles que se não podem apresentar nas mesmas condições e são recebidos sempre com alguma acrimônia ou sem encontrarem quem lhes dê qualquer atenção ou lhes concedam o respeito a que têm direito na Casa de Jesus.

O antigo modelo da Casa do Caminho, dirigida por Pedro, acolitado por Tiago e João, é mais uma figura do passado que ainda comove, mas que não se repete nas modernas instalações cada vez mais luxuosas no exterior e vazias de espiritualidade interna.

É indispensável retornar-se à simplicidade evangélica, mesmo se tendo em vista os modernos padrões da cultura, do comportamento e das circunstâncias sociais e ambientais.

A humildade é virtude muito esquecida, mas que foi exaltada pelo Mestre em todo o Seu apostolado.

O aturdimento do século não pode ultrapassar as fronteiras da Sociedade Espírita, adquirindo hospitalidade e ganhando espaço.

A alegria não se deve converter em balbúrdia, e a bênção da satisfação do serviço em nome de Jesus tem por objetivo fortalecer as mentes e os corações, ao invés de debilitá-los dando lugar a queixas e reclamações.

Há muito serviço a realizar, que não deve ser postergado, sem danos para a seara de luz.

Estas e muitas outras reflexões eram temas de nossos estudos, enquanto nos movimentávamos em diferentes lugares e especialmente nas comunicações mediúnicas, convocando os companheiros ao despertamento ante as novas injunções ameaçadoras.

Felizmente, o número de servidores fiéis, que estão comprometidos com o programa do Mestre, é bem expressivo e se encontram conscientes das responsabilidades que lhes dizem respeito, sobretudo na preservação dos postulados doutrinários e na sua vivência no cotidiano.

Uma onda de vibrações saudáveis movimenta-se, sustentada pelas mentes ativas e pelos sentimentos de caridade, a fim de que as Trevas sejam transformadas em claridades diamantinas e aqueles que ainda se encontram mergulhados nas suas densas construções libertem-se antes do grande exílio...

Nada impedirá o avanço do progresso, nenhuma força logrará êxito opondo-se ao divino programa de ascensão do planeta a *mundo de regeneração*, conforme vem ocorrendo.

Jesus está no comando desse empreendimento e uma verdadeira legião de servidores de todos os tempos encontra-se em processos de reencarnação, a fim de apressar a grande mudança.

Nos projetos divinos não existe o improviso nem a aventura. Tudo é planejado com cuidado e analisado tendo em vista a situação moral e espiritual daqueles aos quais se destinam.

Tem sido sempre assim, e quando se pensa que já não há solução para certas situações embaraçosas e aparentemente impossíveis de vencidas, eis que surgem resultados libertadores.

Basta que nos detenhamos no surgimento das pandemias que ceifaram milhões de vidas através da História e veremos que começaram inesperadamente e, quando já não se esperava qualquer vitória da saúde, desapareceram... Ainda hoje assim ocorre, porque os procedimentos de aparição e de aniquilamento são de cá para aí, mesmo com os providenciais recursos hoje da Organização Mundial da Saúde e outras.

Nunca, portanto, duvidar-se da proteção do Senhor.

Os dias passavam-se em faina contínua, porquanto a cada momento éramos convidados a interferir em uma ou outra situação de emergência espiritual.

As nuvens borrascosas tornavam-se mais densas, como reação natural dos adversários da luz, dando-se conta dos prejuízos das suas pugnas infelizes contra a ordem vigente e a amplitude do bem.

Os nossos compromissos, desse modo, seguiam o organograma antes estabelecido, especialmente nas Sociedades onde estivéramos agindo sob o comando do venerando apóstolo da caridade e a supervisão do mártir cristão.

Considerando a magnitude dos desafios e das lutas que se travavam na crosta planetária, à medida que cada grupo espiritual de trabalho completava o labor a que viera na Terra e retornava à sua comunidade no Mais-além, novos outros desciam às sombras do planeta, fazendo lembrar estrelas que deixavam um rastro e desapareciam nas camadas superficiais mais escuras, ficando apenas como um pequeno sinal de claridade.

Assim sendo, no quadragésimo dia de nossa estada na Sociedade que nos serviu de sede para as ações espirituais, após os labores diuturnos, quando o silêncio exterior e as sombras da noite vestiram o edifício que nos albergava, o venerando Macário promoveu uma reunião de despedida com o comparecimento dos mentores da Casa, reconhecidos e emocionados.

Depois das palavras do irmão Elvídio, repassadas de ternura e de afeto cristão, o próprio mártir sintetizou o seu pensamento, dizendo:

– *Ontem possuíamos o circo, as feras, o empalamento, as fogueiras, as cruéis técnicas da impiedade impondo-nos abjurar a crença em Jesus, e optávamos pela morte libertadora com a certeza da sobrevivência radiosa após as cinzas orgânicas.*

Agora, os verdadeiros cristãos enfrentam situações mais desafiadoras, embora não tão dolorosas: as distrações e desvios de conduta tornados estímulos de vida, comodidades e liberação dos costumes em atração mortal para os abismos dos vícios e da criminalidade, promiscuidade moral e ausência de afetividade destituída de interesse sexual e compensatória, solidão e falta de companheirismo saudável...

Por outro lado, as interferências espirituais negativas fazem-se muito mais perigosas, em razão do intercâmbio entre encarnados e desencarnados, em alta intensidade, por causa dos fatores em jogo, mais atraentes para o prazer até a exaustão dos sentidos.

A mole humana encontra-se hipnotizada por multidões de exploradores espirituais que dela se utilizam, a fim de continuar nos velhos hábitos da insensatez, mesmo dando-se conta da ausência da couraça carnal.

Aos espíritas fiéis cabe a tarefa de informar em torno dos perigos psíquicos, emocionais e morais que cercam o ser humano na atual conjuntura, advertindo que o túmulo não é a porta final de dissolução da vida, antes é o passaporte para o país real de onde se origina a vida e para onde se retorna após a caminhada evolutiva.

Os seus exemplos de dignidade e perseverança nos propósitos elevados são a demonstração da excelência das suas informações imortalistas, que lhes proporcionam bem-estar e alegria durante os enfrentamentos evolutivos, sem ressentimentos nem desânimos.

Nunca houve, quanto na atualidade, igualmente recursos que facultam a vitória do ser humano sobre as paixões primitivas. Os avanços da Ciência e da Tecnologia proporcionaram melhor compreensão da vida e da sua finalidade, facultando a diminuição de muitos padecimentos que antes eram insuportáveis, embora o surgimento de mais conflitos existenciais como resultado das condutas malsãs... Jamais se possuiu cabedais de informações e de proteção tão valiosos como na atualidade. Os Céus misericordiosos enviam embaixadores que trabalham no anonimato ou se tornam expoentes das diversas áreas do conhecimento intelectual, a fim de que haja mais alegria e se fruam mais bênçãos.

As opções estão ao alcance de todo aquele que deseje sinceramente a paz e a plenitude, ou o desespero e a perturbação...

Vós trouxestes à nossa Sociedade o carinho do Senhor, e, mediante o vosso trabalho de ternura e de compaixão, de esclarecimento e de socorro, inúmeros seres infelizes foram arrancados das jaulas onde se rebolcavam, libertados pelo amor de Nosso Senhor Jesus Cristo.

Um dia, quando tiverem melhores condições, bendirão o vosso anonimato e a vossa abnegação.

Ide, pois, de retorno aos páramos de onde viestes, levando o nosso amor convosco e deixando o vosso rastro de luz entre nós.

Jesus seja louvado!

Indizível pranto nos dominava a todos.

Nesse momento, o venerável apóstolo que nos dirigia, com a voz embargada, agradeceu:

— *Reconhecemos a própria pequenez e não temos como vos agradecer, a todos vós que confiastes em nossa pobreza e nos propiciastes os meios para que nos desincumbíssemos da tarefa para a qual não possuíamos os hábeis e valiosos recursos do conhecimento e do sentimento.*

Sem o vosso auxílio e cooperação, não teríamos conseguido realizar parte sequer da tarefa. Ao vê-la, momentaneamente encerrada, porque outros discípulos do Amado devem prosseguir, ajoelhamo-nos espiritualmente para beijar vossos pés andarilhos da caridade e nos erguermos para louvar Aquele que é a razão do nosso existir.

Choviam pétalas perfumadas e tão delicadas que, no toque conosco, diluíam-se, penetrando em nossa organização espiritual.

Um coral de vozes entoou o *Aleluia*, de Händel, sem que pudéssemos ver o grupo quase angélico de embaixadores do Reino.

Começamos as despedidas após a prece de gratidão com que se encerrava o nosso labor e, aos primeiros raios exuberantes do Astro-rei, começamos a jornada de retorno, podendo ver o querido planeta envolto em nuvens, a distância, no seu glorioso peregrinar pelos espaços.

Anotações

Anotações